Michael Mary, geboren 1953, lebt in der Nähe
von Hamburg. Seit 1979 führt er Beratungen
und Seminare zum Thema Partnerschaft und
Persönlichkeitsentwicklung sowie Fortbildungen
in der von ihm entwickelten »Erlebten Beratung«
durch. Weitere Informationen zur Person und
zu seinen Büchern sind auf der Homepage
www.michaelmary.de zu finden.

Von Michael Mary sind in der Verlagsgruppe Lübbe außerdem lieferbar:

Michael Mary

Werte im Schafspelz

Entlarven Sie die Tricks,
mit denen wir alle manipuliert werden

BASTEI LÜBBE TASCHENBUCH
Band 60619

1. Auflage: August 2009

Vollständige Taschenbuchausgabe
der im Gustav Lübbe Verlag erschienenen Hardcoverausgabe

Bastei Lübbe Taschenbücher und Gustav Lübbe Verlag
in der Verlagsgruppe Lübbe

Originalausgabe
© 2008 by Verlagsgruppe Lübbe GmbH & Co. KG,
Bergisch Gladbach
Textredaktion: Dr. Kirsten Reimers, Frankfurt/Main
Bildrechte: Albrecht Sigler, Max Planck-Institut
für Biophysikalische Cehmie Göttingen (S. 30)
ullstein – Haeckel-Archiv (S. 134)
Titelillustration: © getty-images/Dorling Kindersley
Umschlaggestaltung: Bianca Schönfeld
Autorenfoto: © Andreas Biesenbach
Satz: Bosbach Kommunikation & Design GmbH, Köln
Gesetzt aus der Rotis Serif und der Rotis Sans Serif
Druck und Verarbeitung: GGP Media GmbH, Pößneck
Printed in Germany
ISBN 978-3-404-60619-1

Sie finden uns im Internet unter
www.luebbe.de
Bitte beachten Sie auch: www.lesejury.de

INHALT

VORWORT

Das Thema Werte beschäftigt mich seit meiner Kindheit. Damals ist mir aufgefallen, dass Erwachsene ihren Kindern vieles beibringen, das im glatten Widerspruch zum eigenen Verhalten steht.

Beispielsweise war mir schleierhaft, wie der uralte Pfarrer, der stets inbrünstig die Nächstenliebe predigte, so viel Vergnügen daran finden konnte, uns Kindern seine frohe Botschaft mittels kräftiger Hiebe mit einem dünnen Rohrstock auf unsere Handflächen und Hinterteile einzuprägen. Ebenso merkwürdig verhielt sich sein Kaplan, der Gottes Worte auf kürzestem Wege in die Gehirne störrischer Schüler transportierte, indem er den schweren Katechismus auf ihre Köpfe krachen ließ. Dieses regelmäßig demonstrierte Verhalten passte nicht recht zu den propagierten christlichen Werten.

Die Kirche war indes nicht die einzige Institution, die meine Verwirrung verursachte. Auch die Familie zeigte sich keineswegs als der Hort von Liebe, Harmonie und Treue, als der sie in der Schule, in den Medien und auch von den Eltern gepriesen wurde. In dieser Keimzelle gesellschaftlicher Ordnung wurde nach Herzenslust gestritten und geprügelt, was in dem Dorf, in dem ich aufwuchs, nicht zu verbergen war; und auch die Pärchen, die sich im Wald in ihren Autos vergnügten, hatten den Treueschwur ganz offensichtlich im heimischen Ehebett vergessen.

Nicht anders verhielt es sich in der Politik. Warum brachte
meine Mutter mir bei, keinem Wort eines Politikers zu vertrauen,
wo Ehrlichkeit von diesen doch so hochgehalten wurde? Wie
waren Korruption und Vetternwirtschaft schon im Gemeinde-
rat zu erklären? Einem Kind musste das rätselhaft bleiben.

Auch als junger Mann stolperte ich weiterhin über die
Widersprüche zwischen den angepriesenen Werten und dem
tatsächlichen Verhalten der Menschen. Wie konnten Soldaten, die angeblich die freie Welt verteidigten, in Vietnam
Frauen vergewaltigen und foltern sowie Kinder und Greise
töten? Und warum glaubten Demokraten, das chilenische Volk
müsste sich befreit fühlen, nachdem sein demokratisch ge-
wählter Präsident mit Unterstützung der USA im Namen der
Demokratie ermordet worden war? Warum wähnten sich Länder der Dritten Welt durch die freie Marktwirtschaft nicht
bereichert, sondern auf neue und viel effektivere Weise ko-
lonisiert? Und wie ist es heutzutage möglich, Menschen im
Namen der Demokratie ihrer Menschenrechte zu berauben,
indem man sie zu sogenannten Kombattanten erklärt und
jahrelang in Drahtkäfige einsperrt?

*Menschenwürde – Freiheit – Gerechtigkeit – Gleichheit –
Wahrheit – Solidarität – Ehrlichkeit – Christlichkeit – Huma-
nität – Toleranz* – wenn diese Werte tatsächlich so wertvoll
sind, wie von der Achse der Guten – denjenigen, die sich
ständig und überall auf diese Werte berufen – behauptet
wird, warum geht dann nicht ein Schrei durch die Gesellschaft, wann immer gegen diese Werte verstoßen wird? Warum
halten Menschen an Werten fest, die sie im Alltag offensichtlich nicht leben können? Warum werfen sie diese Werte nicht
einfach über Bord? Und darüber hinaus: Was hat jemand tatsächlich im Sinn, wenn er sich trotzdem und immer wieder
auf Werte beruft?

Werte sind ein faszinierendes Thema, zu dem sich Fragen über Fragen auftun. Ich möchte in aller Bescheidenheit behaupten, diese im zarten Alter von 55 Jahren mittlerweile – zumindest für mich sehr befriedigend – beantwortet zu haben. Ich begreife nun, wozu Werte da sind und wie sie gebraucht werden. Das hat mich mit den Pfarrern, Lehrern, Politikern, aber auch mit den Wertepredigern im Privatbereich, also Freunden und Bekannten, und nicht zuletzt mit mir selbst insoweit versöhnt, als dass ich in Bezug auf Werte nichts anderes als Widersprüchlichkeit mehr erwarte.

Noch etwas Wichtiges hat sich für mich in angenehmer Weise verändert: Wenn in meiner Umgebung eine Wertebeschwörung einsetzt – das Reden über Werte erfreut sich gegenwärtig ja sehr großer Beliebtheit –, kann ich mich entspannt zurücklehnen und den Tricks und Blendungen der Werteprophten zuschauen. Oder ihnen Kontra geben und mich darüber freuen, niemandem auf den Werteleim gegangen zu sein.

Ähnliches wünsche ich auch Ihnen, liebe Leserinnen und Leser, und natürlich viel Vergnügen beim Lesen.

Michael Mary, im Januar 2008

DIE WERTEFALLE

Die Achse der Guten: *Menschen, die anderen weismachen wollen, von den richtigen Werten geleitet zu werden.*

Die Wertediskussion ist seit geraumer Zeit in vollem Gange und hat noch kein Ende gefunden. Ihre Massivität hängt mit den gesellschaftlichen Umwälzungen zusammen, von denen wir zurzeit betroffen sind. Allenthalben wird von ausstehenden Reformen gesprochen, von Aufbruch und Umbruch, von Veränderung und einem notwendigen Neuanfang.

Ganz offensichtlich werden die gesellschaftlichen Karten in der gegenwärtigen Phase neu gemischt – in einer Phase, in der es national um die Verteilung knapper werdender ökonomischer Mittel geht und in der auf internationaler Ebene ein globales Ringen um weltweite Energiereserven begonnen hat.

Im Rahmen dieser Entwicklung kommen große Veränderungen auf die Menschen zu. Diese enorme Umgestaltung kann allein auf der Grundlage einer neuen Werteorientierung erfolgreich bewerkstelligt werden. Das zumindest behaupten die *Werteprediger*, denen wir tagtäglich in den Medien oder im persönlichen Umfeld begegnen.

Werteprediger: *Menschen, die sich auf Höheres berufen, um etwas Eigenes durchzusetzen; Täuscher und Manipulatoren.*

Doch Werteprediger sind Wölfe im Schafspelz. Sie geben vor, der Gemeinschaft zu dienen, obwohl sie stets eigene Interessen verfolgen. Man sollte ihre Tricks durchschauen, sonst gerät man in die Wertefalle. Diese Gefahr ist groß, denn das Hohe Lied der Werte erschallt von allen Seiten und verführt dazu, an einfache Lösungen für komplexe Zusammenhänge zu glauben.

Wertefalle: *die Beschwörung angeblicher Gemeinsamkeiten zum Zweck der Verschleierung egoistisch motivierter Absichten.*

Wer in der Wertefalle sitzt, der hält eine Reihe verbreiteter Irrtümer für wahr. Er glaubt beispielsweise,

- Werte würden die Handlungen der Menschen lenken,
- man könnte bestimmte Werte leben und andere nicht,
- es gäbe eine Wertehierarchie,
- es gäbe darüber hinaus absolute und unveräußerbare Werte,
- man könnte sogenannte »gute alte Werte«, die angeblich verloren gingen, wieder hervorholen.

Wer in der Wertefalle sitzt, glaubt in aller Unschuld, die richtigen Werte würden es schon richten. Es? Das Verhalten der Menschen und das Leben überhaupt! In seiner Naivität bemerkt er nicht, dass

- Werte gar keine Handlungsorientierung vermitteln,
- sie deshalb auch nicht den Weg zum »richtigen« Leben weisen können,
- man locker von Wert zu Wert hüpfen kann,
- man jemandem mit Werten die Unschuld stehlen kann,

  - man sich hinter Werten verschanzen und jede belie-
    bige Handlung damit rechtfertigen kann und
  - man Werte sogar als Waffe benutzen kann.

Wer in die Wertefalle gerät, verliert den Abstand zum Gebrauch der Werte und weiß nicht um deren tatsächliche Aufgabe in der Gesellschaft. Er steht in Wertediskussionen hilf-
los, unwissend oder gar ahnungslos der Achse der Guten
gegenüber. Davor sei dieses Buch!

Zunächst befasse ich mich mit der Grundlage dieses Themas: der Gesellschaft. Denn bevor man bestimmen kann, ob
Werte tatsächlich die Basis einer Gesellschaft darstellen, sollte
man wissen, was eine Gesellschaft eigentlich ist.

Es folgt ein Kapitel über den raffinierten Gebrauch der
Werte in der gesellschaftlichen Auseinandersetzung. Daran
knüpft die Frage an, ob sich Werte wirklich leben lassen.

Der dritte Themenkomplex schließlich befasst sich mit der
aktuellen Wertediskussion – mit dem Werteprediger Peter
Hahne, mit christlichen Werten und dem angeblichen Werteverfall, mit der grassierenden Sehnsucht nach den »guten
alten Werten«, mit dem Wertewandel, der Wertevermittlung
und dem angeblichen Krieg der Kulturen.

Das Buch endet mit einer Empfehlung zum Umgang mit
Werten für all diejenigen, die der Wertefalle entkommen
wollen.

Im Anhang finden Sie ein Interview mit dem Soziologen
Dirk Baecker, der – aus meiner Sicht – einen wohltuend kla-
ren und unsentimentalen, wissenschaftlichen Blick auf Werte
wirft.

DIE GESELLSCHAFT

Die Gesellschaft: *Weder ist sie eine Ansammlung von Individuen noch ist sie irgendwie steuerbar.*

Die Begriffe *Werte* und *Gesellschaft* sind untrennbar miteinander verknüpft. Der eine taucht in der Diskussion nicht auf, ohne dass der andere folgen würde.

Deshalb möchte ich mich – bevor ich mich ganz auf die Wertethematik konzentriere – etwas eingehender mit dem Hintergrundthema Gesellschaft befassen. Dieses ist beinah ebenso spannend wie die Frage nach dem Sinn von und dem Umgang mit Werten.

Wer Werte im Munde führt, bezieht sich ausgesprochen oder unausgesprochen immer auf »die Gesellschaft«. Er sagt beispielsweise: »Um der globalen Herausforderung gerecht zu werden, muss unsere Gesellschaft an einem Strang ziehen« oder: »Wir müssen dafür sorgen, dass in unserer Gesellschaft jeder eine Chance bekommt«. Er macht das allerdings, ohne sagen zu wollen oder sagen zu können, was er mit der Gesellschaft meint. Das scheint nicht nötig, denn scheinbar ist allen völlig klar, was man darunter versteht: Die Gesellschaft, das sind wir! Das ist ein Zusammenschluss von Menschen! Wir sind eine große Gemeinschaft! Hurra möchte man rufen, wir gehören zusammen, wir sitzen alle im selben Boot!

Was immer Sie von diesem großen Boot halten – es hängt wohl davon ab, auf welchem Deck Sie eingebucht und mit welcher Tätigkeit Sie beauftragt sind, ob Sie rudern müssen oder sich sonnen können – wenn Sie diese Vorstellung akzeptieren, leuchtet Ihnen auch die Behauptung ein, dieses riesige Schiff werde von den Individuen gesteuert, die darin untergekommen sind.

Da mag die Frage gestattet sein, wie diese vielen Menschen den Kurs des Schiffs eigentlich bestimmen? Die Antwort, die Sie normalerweise erhalten, wird Sie direkt vor den Eingang der Wertefalle platzieren. Man wird Ihnen nämlich weismachen, die Menschen würden in ihren Handlungen von etwas angeleitet, das über den Individuen stehe, von etwas Gemeinsamem, von etwas Höherem sozusagen: nämlich von Werten!

Wohin es für die Gesellschaft geht, das sagen uns die Werte! Im Realtext hört sich das folgendermaßen an:

- Werte sind das Fundament, auf dem die Gesellschaft aufbaut...
- Werte sind der Kitt, der die Gesellschaft zusammenhält...
- Wir sind eine große Wertegemeinschaft...
- Werte sind die ethischen Imperative, die das Handeln der Menschen leiten...
- Werte sind leitende Beurteilungsmaßstäbe menschlichen Handelns...
- Werte sind oberste Handlungsregulative...
- Werte bilden das Grundgerüst der Kultur...

Und so weiter und so fort. Bei diesen Zitaten handelt es sich um Originalzitate aus der Presse oder aus wissenschaftlichen Publikationen.

Wie man sieht, werden Werte als flammende Leuchtfeuer dargestellt, an denen sich die Menschen orientieren, damit sie im Meer des Lebens nicht verloren gehen. Welch Trost in dieser Vorstellung liegt – und welch ein gnadenloser Irrtum! Diese Fehleinschätzung markiert den Eintritt in die Wertefalle.

Ist jemand in die Wertefalle getappt, hat er zwei falsche Vorstellungen akzeptiert. Erstens die Vorstellung, Individuen würden in ihren Handlungen durch Werte geleitet, und zweitens die Behauptung, die Gesellschaft bestehe aus Individuen, welche auf Grundlage ihrer Werte die Gesellschaft steuern. Wir sollten uns die beiden Punkte etwas genauer ansehen.

Die Illusion der steuerbaren Gesellschaft

Die Steuerung der Gesellschaft geschieht durch die Orientierung an gemeinsamen Werten – so lautet eine der beiden Behauptungen. Wenn dem so wäre, könnte man tatsächlich von einer Steuerung der Gesellschaft sprechen. Doch betrachten wir die Geschichte der Menschheit einmal unter dem Aspekt einer möglichen Steuerung.

Die Menschen begannen ihre Laufbahn vor Jahrhunderttausenden als Nachkommen von Primaten und entwickelten sich vor Jahrzehntausenden zu Wildbeutern, die vom Sammeln und Jagen lebten. Anschließend wurden sie zu sesshaften Bauern. Nach und nach entstanden große Städte, die Welt wurde allmählich bevölkert. Monotheistische Religionen lösten Naturreligionen ab, die Christenheit schlug sich mit dem Orient, Hexen wurden verbrannt, die Industriegesellschaft formte sich heraus, Weltkriege brachen aus, die Natur wurde in nie gekannter Weise gestört und die Globalisierung setzte ein. Neben den sogenannten Fortschrittsgesellschaften existieren auch heute noch unterschiedlichste Kulturen auf unserem Planeten, bis hin zur steinzeitlichen Stammesgesellschaft; und etliche Hochkulturen sind im Laufe der Zeit entstanden und wieder vergangen.

Wie und von wem sollten diese chaotischen Entwicklungen gesteuert sein? Wer könnte überhaupt eine Steuerung darin entdecken?

Bei den meisten der heute relevanten Gesellschaften kann man zwar einen roten Faden in ihrer Entwicklung sehen, der reicht aber nicht von ungesteuert zu gesteuert oder von schlechter zu besser, nicht einmal von unzivilisiert zu zivilisiert, sondern lediglich von Einfachheit zu Komplexität.

So weist der Ethnologe Hans-Peter Duerr in seinem Werk *Der Mythos vom Zivilisationsprozess* nach, dass die heutigen Gesellschaften nach ihren eigenen Maßstäben als unzivilisierter und gewalttätiger gelten, als die Urkulturen das je waren, sich aber dennoch für zivilisierter und kontrollierter halten und sich sogar in der Lage wähnen, diese ihre Entwicklung zu planen und zu steuern.

Für die verbreitete Auffassung, Menschen würden ihre gesellschaftliche Entwicklung steuern und sich kraft ihres Bewusstseins vom Niederen zum Höheren entwickeln, finden sich keine haltbaren Belege. Weder ging im Laufe der Jahrhunderte die Zahl der Kriege zurück, noch sind die Menschen heute besser oder einfühlsamer im Umgang miteinander als in der Vergangenheit. Daran ändert auch der technische Fortschritt nichts, er sorgt lediglich für ein größeres Potenzial an Zerstörung.

Und von diesem Potenzial wird auf barbarische Weise Gebrauch gemacht. Ein Beispiel hierfür ist die millionenfache Verwendung von Streuminen, die in Form von Kinderspielzeug abgeworfen werden. Diese Minen, die sich gegen die Zivilbevölkerung und vor allem gegen Kinder richten, werden von den zivilisierten Staaten produziert, verkauft und eingesetzt. Von ihren angeblich so hoch entwickelten Werten lassen sich die gesitteten Gesellschaften an solchen Grausamkeiten nicht hindern.

Gesellschaften entwickeln sich nicht zum Besseren, sondern vom Einfachen zum Komplexen, so wie übrigens die gesamte Evolution. Eine größere Steuerungsfähigkeit gewinnen sie dadurch nicht. Ganz im Gegenteil: Es wird immer schwieriger, überhaupt Einfluss zu nehmen auf die immer vielschichtiger und unübersichtlicher werdenden Gesellschaften.

Ob man in die Gegenwart oder in die Vergangenheit blickt – zu keiner Zeit und nirgends findet sich eine Entwicklung, die eine Gesellschaft bewusst eingeschlagen hätte. Es gibt keinen gesellschaftlichen Entwicklungsplan und hat nie einen gegeben.

Deshalb ist auch die Zukunft alles andere als gewiss. Werden Christen und Muslime sich tausend Jahre nach den Kreuzzügen erneut blutige Schlachten liefern? Wird irgendein kopfloser Fanatiker aus Ost oder West die Atombombe zum Einsatz bringen? Wird China sich zur Weltmacht Nummer eins entwickeln, oder wird es in eine soziale Krise unvorstellbaren Ausmaßes steuern? Werden die heutigen Industriestaaten die zukünftigen Entwicklungsländer sein? Und wenn dies tatsächlich zutrifft, wann wird ihr Zerfall einsetzen? Wird die Welt in einem gnadenlosen Krieg um die Energiereserven untergehen? Welche Auswirkungen wird die Klimakatastrophe haben? Keiner kann sagen, was passieren wird, und deshalb kann auch niemand die Entwicklung der Gesellschaften zielgerichtet steuern. Denn dazu müsste er kommen sehen, was auf ihn zukommt, so wie ein Autofahrer zumindest bis zur nächsten Kurve Sicht haben muss, um sein Fahrzeug zu steuern. Dazu ist die Gesellschaft nicht in der Lage, sonst würde sie nicht ständig von unvorhergesehenen Entwicklungen überrascht.

Eine Lenkung der Weltgesellschaft ist ganz offensichtlich nicht möglich. Die schlichte Wahrheit lautet: Was passiert, das ist einfach *passiert*, ohne Absicht und Planung, ja sogar trotz zahlloser anders lautender Absichten und Planungen und der vehementen Versuche, diese umzusetzen.

Nicht nur im Rahmen der Weltgesellschaft, selbst innerhalb einer einzigen Gesellschaft kann man keine ernst zu nehmende Steuerungsmöglichkeit entdecken. Das lässt sich beispielsweise an der zunehmenden Vergreisung unserer Gesellschaft zeigen. Obwohl seit Jahrzehnten davor gewarnt wird, die Alterspyramide würde sich umkehren, konnte nichts gegen diese Entwicklung getan werden. Jetzt ist die Überalterung da. Man kann sie nicht mehr ungeschehen machen und muss mit ihren Folgen leben. Mit der Arbeitslosigkeit sieht es nicht anders aus, ganz zu schweigen von den allgegenwärtigen Problemen der Gesundheitsversorgung, den wachsenden Energieproblemen, dem ständig wachsenden Abstand zwischen Armen und Reichen und so weiter und so fort.

Es gibt einfache Gründe, warum gesellschaftliche Vorgänge nicht zu kanalisieren sind: Wann immer ein Vorgang wahrgenommen wird, ist er bereits geschehen. Da er aber bereits geschehen ist, lässt er sich nicht mehr steuern. Man kann bestenfalls darauf reagieren. Aber selbst dazu muss man die Bedeutung des Vorgangs richtig einschätzen, was jedoch meist nicht der Fall ist. Bevor die Bedeutung einer Entwicklung für die Gesellschaft deutlich wird, muss die Entwicklung so weit vorangeschritten sein, dass sie nicht mehr *nicht* wahrgenommen werden kann.

Warum hat sich beispielsweise Australien gegenwärtig für nachdrückliche Maßnahmen zum Klimaschutz ausgesprochen? Weil das Land in immer kürzeren Abständen unter drastischen Dürreperioden leidet, angesichts derer nicht mehr zu leugnen ist, dass sie von Menschenhand gemacht sind. Was sollte an dieser Entwicklung noch steuerbar sein?

Kanalisierbar wären Vorgänge, wenn sie wahrgenommen werden könnten, bevor sie geschehen, aber das ist schlicht unmöglich. Lassen Sie mich das am menschlichen Körper erläutern. Wenn bei jemandem Krebs diagnostiziert wird, ist die Krankheit bereits da, die Entwicklung lässt sich nicht mehr steuern. Die Ärzte können versuchen, sie zu beeinflussen, was manchmal gelingt, aber oft auch nicht.

Um den Krebs kontrollieren zu können, müssten Mediziner jede einzelne Körperzelle im Blick haben, und das ständig. Dann wäre es zwar immer noch nicht möglich, die Entstehung von Krebs zu unterbinden, aber man könnte die befallene Zelle womöglich gezielt ausschalten. Solch eine Kontrolle ist nicht vorstellbar, und deshalb kann Krebs nicht vermieden werden. Man kann bestenfalls versuchen, durch bestimmte Verhaltensweisen Risiken zu mindern, aber auch auf diese Weise scheinen die Erfolgsaussichten höchst fraglich zu sein, allein schon wenn man sich die Rauch- und Trink- und Lebensgewohnheiten der Menschen ansieht.

Alle ärztlichen Heilungsversuche sind Reaktionen auf nicht steuerbare Entwicklungen – Aids, andere Epidemien oder der unüberschaubar große Bereich der Autoimmunkrankheiten führen uns das vor Augen. So erweist sich im Medizinbereich die Vorstellung der Lenkung als illusorisch.

Versteht man unter Steuerung die Fähigkeit, den Kurs des großen Bootes mit dem Namen Gesellschaft einigermaßen verlässlich festzulegen und einzuhalten, kann in der Realität

von einer Steuerung nicht ernsthaft die Rede sein. Sicherlich
kann man von *Versuchen der Gegensteuerung* sprechen, die
von Politikern, Wirtschaftsleuten oder anderen gesellschaftlichen Interessengruppen permanent unternommen werden.
Doch was immer auf der großen gesellschaftlichen Bühne
vor sich geht, es passiert fern jeder Steuerungsfähigkeit.

All das Unerwartete und Unkoordinierte innerhalb einer
Gesellschaft und zwischen Gesellschaften geschieht, trotzdem die Handlungen der Menschen angeblich von den gleichen Werten angeleitet werden. Aber auch die besten und
humansten Werte können offensichtlich weder Totschlag
noch Krieg, noch Gleichgültigkeit, noch Ausbeutung, noch
andere Krisenentwicklungen verhindern.

Die Idee der Gesellschaft als Boot, in dem alle Individuen mehr
oder weniger im gleichen Takt – im Takt der Werte – rudern, ist
offensichtlich unbrauchbar. Sie ist schon deshalb falsch, weil
eine Gesellschaft gar nicht aus Individuen besteht.

Diese Behauptung wirft natürlich die Frage auf, was eine
Gesellschaft denn sonst ist und wie sie ohne eine Steuerung
existieren und offensichtlich auch funktionieren kann.

Die Illusion vom Zusammenschluss von Individuen

Mit dieser Frage wenden wir uns der zweiten Behauptung zu,
mit der die Wertefalle aufgestellt wird. Diese besagt, dass
eine Gesellschaft ein großes Ganzes, ein Zusammenschluss
von lauter einzelnen Individuen sei. Diese scheinbar ein-
leuchtende und liebgewonnene Vorstellung möchte ich an-
hand eines kleinen Beispiels anfechten.

Betrachten wir dazu ein Individuum, das aufgrund dieser Sichtweise die kleinste Einheit der Gesellschaft darstellt, und verfolgen wir seine Handlungen. Dabei geht es vor allem um die Frage, ob der Einzelne in der Gesellschaft tatsächlich als Einheit auftauchen kann oder ob das unmöglich ist.

Ein Einzelner kann beispielsweise die politische Forderung aufstellen, die Massentierhaltung zu verbieten, und kurze Zeit später an der nächsten Ladentheke das billigste Fleisch kaufen. In beiden Fällen tritt er zwar als dasselbe Individuum auf, aber seine Handlungen stehen im offenen Widerspruch zueinander. Diese gegensätzlichen Handlungen neutralisieren sich allerdings nicht, sondern sie wirken auf zweifache Weise in die Gesellschaft hinein: Die eine Handlung wirkt politisch, die andere Handlung wirtschaftlich.

Damit nicht genug. Derselbe Mensch vermag noch wesentlich mehr unterschiedliche Wirkungen zu erzeugen, ungefähr so viele, wie er unterschiedliche Handlungen erzeugen kann. Er kann auf die Globalisierung schimpfen und sich dennoch beim Discounter für die günstigsten Produkte aus China entscheiden. Er kann in der Sozialarbeit der Gemeinde ehrenamtlich tätig sein und gleichzeitig Steuern hinterziehen. Er kann für die Minimierung der Gesundheitskosten einstehen und gleichzeitig Kettenraucher sein. Er kann für die Forderung eintreten, Kinder in die Welt zu setzen, und gleichzeitig sein eigenes Kind abtreiben lassen. Womit die vielfältigen und widersprüchlichen individuellen Verhaltensmöglichkeiten keineswegs abgedeckt, sondern lediglich angerissen wären.

Diese tagtäglich zu beobachtende Widersprüchlichkeit individuellen Handelns hat für die Gesellschaft eine grundlegende Konsequenz:

In einer Gesellschaft wirken nicht die Individuen als kleinste Einheiten, sondern die individuellen Handlungen.

Es gibt demnach keinen Zusammenschluss von Individuen, bestenfalls kann es Zusammenfassungen von Handlungen geben, und die gibt es tatsächlich, wie wir noch sehen werden.

Den eindeutig handelnden Menschen – und der müsste er sein, wenn er sich mit anderen Individuen zu einem Ganzen zusammenschließen wollte – gibt es nicht. In den Stämmen der Frühzeit mag es ein eindeutiges Verhalten gegeben haben, das den Stamm als Einheit erschuf, in den heutigen Mammutgesellschaften ist so etwas nicht mehr zu finden.

Lassen Sie es mich noch einmal betonen: Die Möglichkeit und Fähigkeit der Individuen zu widersprüchlichstem Verhalten bedeutet: In der Gesellschaft spielen nicht die Individuen die entscheidende Rolle, sondern die Handlungen der Individuen.

Doch es kommt noch etwas anderes hinzu. Die Handlungen von Individuen entstehen nicht aus dem luftleeren Raum, vielmehr sind sie verknüpft mit den Handlungen anderer Individuen. Eine Handlung »an sich« ist nicht vorstellbar. Um sinnvoll zu handeln, muss es immer etwas geben, das der jeweiligen Handlung vorausgeht, das zu ihr führt und das selbst wiederum zum Anstoß für weitere Handlungen wird.

Dieser Vorgang, in dem die Handlungen der Menschen aufeinander bezogen werden, wird als *Kommunikation* bezeichnet. Kommunikation ist hier nicht als bloße Mitteilung zu verstehen, sondern als ein wechselseitiger Vorgang, in dem Mitteilungen verstanden und beantwortet werden. Das Wesentliche in der Gesellschaft ist demnach nicht die Handlung, sondern die Kommunikation.

Damit erweist sich Kommunikation als wesentlichste und als kleinste gesellschaftliche Einheit.

Die Kommunikation der Individuen muss, wie beschrieben, kein zusammenhängendes Ganzes ergeben. Kommunikation funktioniert auch, wenn sie widersprüchlich ist.

Die Gesellschaft aus der Draufsicht

Was heißt das nun? Es bedeutet, dass die Gesellschaft, wenn man sie aus der Vogelperspektive betrachtet, keine Vereinigung von Individuen darstellt, sondern ein gigantisches System von Kommunikationen, wobei auch eine Handlung Kommunikation darstellt, soweit sie auf Handlungen anderer bezogen ist.

Das Gebilde der Gesellschaft nicht von den Individuen, sondern *von der Kommunikation der Individuen* her zu begreifen, liefert drei wesentliche Vorteile:

- Diese Sichtweise gesteht dem Individuum die Freiheit widersprüchlicher Handlungen zu. So kann der Mensch seiner eigenen Komplexität gerecht werden, ohne irgendwie »einheitlich« auftreten zu müssen – ein Anspruch, den er nicht erfüllen könnte.
- Gleichzeitig wird der Gesellschaft die Komplexität zugestanden, die sie heute innehat. Niemand muss sie als Ganzes überblicken, um über Handlungen entscheiden zu können.
- Zusätzlich kann man sich endgültig von der ebenso schönen wie falschen Vorstellung verabschieden, dieses riesige Gebilde aus widersprüchlicher Kommu-

nikation könne von irgendwelchen Individuen oder
Gruppen gelenkt werden.

Der Begriff der Lenkung lässt die Gesellschaft als etwas Kom-
paktes erscheinen, etwa als Karren oder als jenes Boot, in
dem wir angeblich alle sitzen. Etwas derart Festes könnte
man von innen heraus, mittels Steuer, Ruder oder gemein-
samer Ideen, sicherlich in eine bestimmte Richtung dirigie-
ren.

Im unvorhersehbaren Zusammenspiel unzähliger Kommunikationen erweist sich die Gesellschaft allerdings nicht als etwas
Festes, sondern weit eher als etwas sehr Flüssiges.

Wie aber kontrolliert man eine Flüssigkeit und wie lenkt man
sie von innen heraus? Um es noch genauer zu formulieren:
Wie sollte sich eine Flüssigkeit selbst lenken können?
    So bleibt es dabei: Die Idee der Gesellschaft als eines Zu-
sammenschlusses von Individuen, die zu einer absichtlichen
Steuerung dieses Gebildes in der Lage wären, führt in die
Sackgasse.

Die Gesellschaft aus Sicht des Einzelnen

Mit den bisherigen Ausführungen ist die Gesellschaft im
Hinblick auf das Thema Werte noch nicht ausreichend beschrieben. Es steckt noch mehr in diesem interessanten Komplex.
    Das gezeichnete Bild von der Gesellschaft als einem rie-
sigen Netzwerk aus Kommunikation ergibt sich, wenn man
quasi aus der Vogelperspektive auf die Individuen schaut

und beobachtet, was *zwischen* ihnen abläuft: gegenwärtig stattfindende Kommunikation.

Aus Sicht eines einzelnen Menschen stellt sich die Gesellschaft allerdings anders dar. Für den Einzelnen ist die Gesellschaft auch dann vorhanden, wenn er nicht kommuniziert oder nicht handelt. Aber wo befindet sich die Gesellschaft dann, wenn er nicht handelt? Einzig in seinem Kopf, in seiner Vorstellung!

Die Gesellschaft ist für den Einzelnen nichts anderes als eine Vorstellung.

Diese zugegeben gewöhnungsbedürftige Erklärung, die auf den Soziologen Niklas Luhmann zurückgeht, bedarf einer näheren Erläuterung.

Um an der gesellschaftlichen Kommunikation teilnehmen zu können, muss der Einzelne wissen, was in dieser Kommunikation von ihm erwartet wird und was er von anderen erwarten kann. Nur wenn Menschen vereinbart haben, was auf eine bestimmte Mitteilung ungefähr folgen soll und was nicht, ist sinnvolle Verständigung möglich. Wer seinem Partner beispielsweise einen Kuss anbietet, erwartet eine positive Rückmeldung und rechnet nicht damit, geohrfeigt zu werden oder vor Gericht zu landen. Und wer einen Mietvertrag abschließt, erwartet die Hausschlüssel und nicht, dafür erschossen zu werden oder einen Koffer voller Geld zu bekommen.

Die Erwartungen an die Kommunikation müssen in einer Gesellschaft aufeinander abgestimmt sein, und die Lücke zwischen einer Mitteilung und der erwartbaren Antwort darf nicht allzu groß werden, sonst ist Verständigung unmöglich und die gesellschaftliche Kommunikation kann nicht aufrechterhalten werden.

Wie ich in einem früheren Buch[1] etwas locker formulierte, ist die Gesellschaft aus Sicht des Einzelnen die Vorstellung, dass man irgendwo dazugehört und es irgendwie miteinander weitergeht, weil man vergleichbare Erwartungen aufgebaut hat und sich insofern aufeinander verlassen kann.

Die Gesellschaft ist so gesehen eine komplexe Vorstellung, ein vielschichtiges Erwartungsgebilde, das in den Gehirnen der Menschen abgespeichert ist.

Dass diese Definition zutrifft und nicht nur theoretische, sondern auch praktische Relevanz hat, lässt sich am Schicksal der Deutschen Demokratischen Republik (DDR) erläutern. Nachdem dort die Grenzen zur Bundesrepublik geöffnet worden waren – was sich bis zu jenem denkwürdigen Abend am 9. November 1989 hüben wie drüben niemand auch nur entfernt vorstellen konnte –, brach die Gesellschaft innerhalb kurzer Zeit zusammen. Und zwar deshalb, weil sich niemand mehr auf seine bisherigen Erwartungen verlassen konnte.

Kein Systemscherge verfügte mehr über Macht, denn die ganze Befehlsgewalt der Machthaber stützte sich auf die verbreitete Erwartung, dass die Menschen auf eine ganz bestimmte und vorhersehbare – also vereinbarte – Weise handeln würden. Dass sie beispielsweise Anweisungen befolgen und Menschen verhaften, verurteilen sowie einsperren würden und so weiter. Als diese Erwartungen sich aufgelöst hatten, hörte die DDR fast augenblicklich auf zu existieren. Die gewohnte Kommunikation brach zusammen, weil sie nicht mehr verlässlich war. Stell dir vor, es ist Krieg und keiner geht hin. Dieser altbekannte Spruch illustriert die Gesellschaft als Vorstellung recht plastisch. Bezogen auf das Beispiel würde es heißen: Stell dir vor, es ist DDR und keiner macht mehr mit.

Dass Gesellschaften funktionieren, trotzdem sie »bloß« auf Vorstellungen beruhen, zeigt allerdings, wie fest und tief Erwartungen und Vorstellungen in die menschlichen Gehirne und Psychen eingebrannt sind und wie sehr Menschen darauf angewiesen sind, feste Erwartungen zu haben, um auf Mitteilungen verlässliche Antworten zu bekommen, denn nur so lässt sich der Umgang miteinander gestalten.

Wie sich die Kommunikation organisiert

Kommen wir an diesem Punkt auf die Frage zurück, wie die Gesellschaft funktionieren kann, wenn sie durch Individuen oder Gruppen nicht steuerbar ist, sondern aus den chaotischen Handlungen der Einzelnen besteht. Hierzu gilt es, die Art und Weise zu begreifen, in der sich die gesellschaftliche Kommunikation strukturiert.

Es versteht sich, dass die gesellschaftliche Kommunikation, in der Millionen von Handlungen aufeinander abgestimmt werden, in irgendeiner Form kanalisiert werden muss. Es wäre unvorstellbar, dass alle gesellschaftliche Kommunikation am gleichen Ort stattfände, und es wäre unmöglich, dass Individuen dann an ihr teilhaben könnten. Damit Kommunikation überhaupt halbwegs übersichtlich ablaufen kann, wird in der Gesellschaft nicht insgesamt, sondern in zahllosen unterschiedlichen Bereichen jeweils aufgabenspezifisch kommuniziert und gehandelt. Die Gesellschaft hat sich dazu in zahllose Funktionsbereiche oder Subsysteme, wie der Fachbegriff für diese Bereiche lautet, aufgeteilt.

Solche unterschiedlichen Kommunikationsbereiche sind beispielsweise das Rechtssystem, das Gesundheitssystem, das politische System, das wirtschaftliche System, das Erziehungssystem, das militärische System, das religiöse System und so weiter und so fort. Jedes dieser Systeme gliedert sich wiederum in weitere Untersysteme auf, sodass in der Gesellschaft ein derart verzweigtes System unterschiedlicher Kommunikationsbereiche entsteht, dass diese nicht einmal ansatzweise mehr überschaut werden können.

Das ist, nebenbei bemerkt, ein weiteres Argument dafür, dass die Gesellschaft kein lenkbarer Zusammenschluss von Einzelnen oder Gruppen zu einem großen Ganzen ist. Denn es gibt niemanden, der das große Ganze erfassen könnte, auch wenn ständig die Rede davon ist. Jeder nimmt, egal wo und was er gerade kommuniziert, immer nur an einem kleinen Ausschnitt der gegenwärtigen gesellschaftlichen Kommunikation teil. Niemand kann die gesamte gegenwärtig ablaufende Kommunikation erfassen, die sozusagen in Millionen gesellschaftlichen Ecken und Winkeln stattfindet. Weil aber kein Teil das Ganze überblicken kann, vermag auch kein Teil es zu lenken.

Die Gesellschaft lässt sich mit dem Körper des Menschen vergleichen, der ja auch nicht von seinen Teilen gesteuert werden kann. Die Muskeln lenken den Körper nicht, die Organe auch nicht. Nicht einmal das Gehirn ist in der Lage, den Körper zu steuern, weshalb der Direktor des Max-Planck-Institutes für Hirnforschung Wolf Singer vom Gehirn als von einem »Orchester ohne Dirigenten« spricht.

Der menschliche Organismus funktioniert dennoch, aber er funktioniert nur aus einem einzigen Grund: weil sich seine Teile selbstständig koordinieren.

Um das tun zu können, müssen diese Teile aber im Wesentlichen unabhängig voneinander funktionieren. Niere, Leber,

Herz und alle anderen Organe wissen aus sich heraus, was sie zu tun haben. Kein Gehirn braucht ihnen das zu sagen. Sie funktionieren sogar, wenn sie in einen anderen Körper, auf dem ein anderes Gehirn sitzt, verpflanzt werden. Die Teile des Körpers sind eigenständig und abgegrenzt.

Genauso verhält es sich mit den verschiedenen Kommunikationsbereichen der Gesellschaft. Diese Systeme können nur funktionieren, *weil und solange* sie unabhängig voneinander arbeiten und sich weitgehend voreinander abschotten.

Deshalb findet *wirtschaftliche* Kommunikation (wie Zahlungen, Investitionsentscheidungen und Tarifverhandlungen) nur im Wirtschaftssystem statt, andere Systeme wie beispielsweise die Politik können nicht darüber bestimmen. *Politische* Kommunikation (Abstimmungen, Reden, Gesetzesbildung, Wahlen und Ähnliches) findet nur im politischen System statt und *religiöse* Kommunikation (wie Gebete und Rituale) nur im religiösen System.

Diese Abschottung voneinander gilt für alle anderen Subsysteme ebenso. Damit ist auch klar, warum ein Mensch in der Gesellschaft so unterschiedliche Wirkungen hervorrufen kann. Er kann nämlich wirtschaftlich, sozial, politisch, religiös…kommunizieren; und auch wenn die Kommunikation widersprüchlich ist, wirkt sie dennoch unabhängig voneinander in den betreffenden Systemen.

Handlungsanreize aufgrund von Störungen

Trotz ihrer Unabhängigkeit voneinander existieren die Subsysteme natürlich nicht im luftleeren Raum. Vielmehr bilden sie Umwelten füreinander. Sie existieren – wie die Synapsen

Systeme und Netzwerke

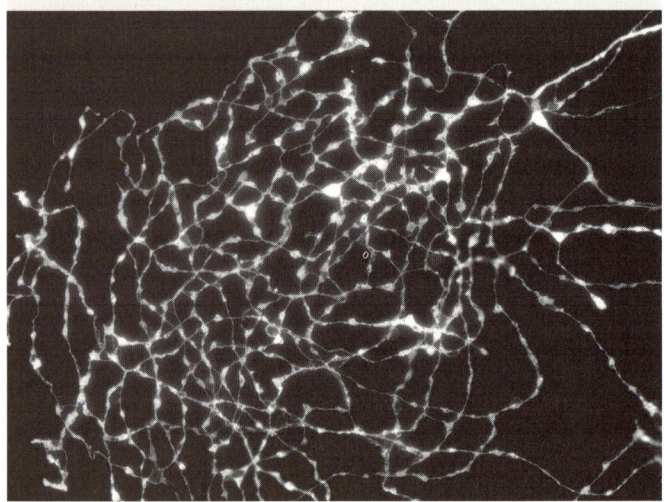

Abb. 1: Das Netzwerk der Synapsen; Fluoreszenzbild einer inhi-
bitorischen Nervenzelle aus primärer Zellkultur von Hirngewebe
(Hippocampus) der Maus. Die menschliche Gehirnzelle ist fast
identisch.

Auf der Abbildung sind die einzelnen Synapsen und ihre Ver-
netzung recht deutlich zu erkennen. Synapsen sind Kontaktstel-
len zwischen Nervenzellen, an denen Signale durch Ausschüt-
tung von Botenstoffen, den sogenannten Neurotransmittern,
weitergeleitet werden können. Im menschlichen Gehirn befinden
sich mehr als 10 Milliarden Nervenzellen, die jeweils über Tau-
sende von Synapsen unvorstellbar komplex miteinander vernetzt
in Kontakt stehen. Kein Zentrum, keine Steuerung – lediglich
Information, die von Teilsystem zu Teilsystem weitergeleitet wird.
Foto: Albrecht Sigler,
Max-Planck-Institut für Biophysikalische Chemie Göttingen

im Gehirn – gleichzeitig und nebeneinander. Das hat zur Folge, dass sie sich zwar nicht gegenseitig lenken und nicht übereinander bestimmen können, aber ihnen ist etwas ganz anderes möglich: Sie können sich »anregen« oder besser gesagt: sich gegenseitig *stören,* und das ganz gewaltig!

Die Wirtschaft kann beispielsweise Arbeitslosigkeit produzieren, wodurch der Politikbereich gestört wird. Der Gesundheitsbereich kann, etwa über eine verschleppte Tierseuche, den Wirtschaftsbereich stören. Im Ausbildungsbereich mögen zu wenige Ingenieure herangezogen worden sein, wodurch Wirtschaft und Politik gestört werden. Der Militärbereich mag einen Putsch durchführen und die Politik stören. Die Wirtschaft erwartet etwas von der Politik, beispielsweise ein Gesetz, aber das kommt nicht. Die Politik erwartet etwas vom Recht, beispielsweise dass das Verfassungsgericht ein Gesetz durchwinkt, aber das Gericht kippt es. Die Politik erwartet etwas vom Gesundheitssystem, beispielsweise dass alle Menschen gleich gut behandelt werden, aber es ist zu wenig Geld da.

Eine massive Störung kann ein Subsystem nicht lange ignorieren, weil es sonst Schaden nimmt. Es muss sich vielmehr auf eine anhaltende Störung einstellen, das heißt, es muss seine eigenen Abläufe und Strukturen verändern, um mit seiner veränderten Umweltlage zurechtzukommen. Spielt man das durch, erweist sich eine Gesellschaft als komplexes System relativ abgekapselter Handlungsbereiche, die sich ständig gegenseitig stören (indem etwas Erwartetes nicht eintritt oder etwas Unerwartetes geschieht) und auf diese Weise zu Veränderungen eigener Abläufe anregen. Die Gesellschaft bleibt so lange funktionstüchtig, wie es ihren Subsystemen gelingt, sich zu verändern und dadurch auftretende

Störungen zu bewältigen. Das lässt sich zu einer wichtigen Erkenntnis verdichten:

Gesellschaftliche Steuerung geschieht über die nicht endenden Versuche der unterschiedlichen Kommunikationsbereiche, immer neue Störungen zu bewältigen.

Politische Nachbesserung statt Steuerung

Steuerung durch Störungsbewältigung ist ein Vorgang, der den schönen Namen Steuerung allerdings nicht wirklich verdient. Passender ist es da, von »Nachbesserung« zu sprechen, wie es im Politikbereich seit Langem und nicht gerade zufällig Mode ist.

Die Steuerung der Gesellschaft ist – nebenbei bemerkt – natürlich auch durch die Politik nicht möglich, weil die Politik ebenso nur ein Subsystem unter anderen darstellt.[2] Und schließlich ist, wie schon erwähnt, wenn irgendwo etwas störend auftaucht – sei es in der Politik, der Wirtschaft, an den Schulen oder einem anderen Bereich –, die der Störung zugrunde liegende Entwicklung bereits geschehen und nicht mehr zu vermeiden. Man kann dann lediglich versuchen, möglichst gut mit ihren Folgen fertig zu werden. Steuern lässt sich in der gesellschaftlichen Entwicklung demnach *nichts*, bewältigt werden muss jedoch *vieles*.

Das heißt: Auch für die Zukunft lässt sich wenig richtig machen. Der Versuch eines Teilsystems, Störungen zu bewältigen, vermag nämlich keine dauerhaften und schon gar keine umfassenden Lösungen zu liefern. Man kann die Rente erhöhen, und damit treibt man die Steuern in die Höhe. Man kann die Steuern erhöhen, und damit treibt man die Leute auf die Straße. Man kann die Gesellschaft für Zuwanderungen öffnen und sie damit in Spannung versetzen und so weiter und so fort.

Jede Handlung in einem Bereich verursacht etwas Unvorhersehbares in anderen Bereichen, das wiederum der Bewältigung durch weitere Handlungen bedarf. Jede Lösung von jetzt ist unvermeidlich das Problem von gleich. Denn weil niemand das komplexe System gesellschaftlicher Handlungen übersehen kann, weiß niemand um deren Folgen, und deshalb treten diese Folgen meist plötzlich und unerwartet auf.

So geschehen in den letzten Jahren mit dem Börsencrash rund um den Neuen Markt, dem Ende der sozialistischen Regierungssysteme, den Golfkriegen, dem 11. September, dem sogenannten Krieg gegen den Terror und zahllosen anderen Entwicklungen.

Im Grunde hangelt sich die Gesellschaft von Bewältigung zu Bewältigung oder von Problem zu Problem. Die Idee einer störungsfreien Gesellschaft ist auch deshalb absurd, weil sie übersieht, dass Störungen eine wichtige Aufgabe haben: Sie sorgen dafür, dass Gesellschaften – trotzdem es nicht möglich ist, sie zu steuern – dennoch funktionieren. Denn allein aufgrund von Störungen werden Bewältigungsversuche gestartet und damit Anpassungen ermöglicht. Das bedeutet:

Gesellschaftliche Kommunikation ist auf Störungen angewiesen. Denn erst eine Störung sorgt dafür, dass nach anderen Wegen gesucht wird, wie es weitergehen kann.

Darin liegt übrigens die einzige Absicht der Kommunikation: dass sie weitergeht und mit ihr die Gesellschaft – dieses System ausreichend verlässlicher Vorstellungen – erhalten bleibt.

Fassen wir die Aussagen dieses Kapitels zusammen:

- Die Gesellschaft besteht nicht aus Individuen, sondern aus der vielfältigen und widersprüchlichen Kommunikation der Individuen.
- Diese Kommunikation ist nicht zu steuern, da sie in abgeschotteten gesellschaftlichen Bereichen stattfindet. Es gibt keinen Plan, keinen Entwurf, keinen Überblick. Diese Kommunikation steuert sich vielmehr selbst.
- Man muss daher infrage stellen, ob es allgemeine, verbindliche Handlungsanleitungen, wie Werte sie angeblich darstellen, überhaupt geben kann. Schließlich müssten sie sich in den unterschiedlichsten gesellschaftlichen Bereichen als brauchbar erweisen.

Mit diesen grundlegenden Darstellungen zum Thema Gesellschaft hoffe ich, Ihre Skepsis gegenüber Wertepropheten geweckt zu haben. Wenden wir uns nun der eigentlichen Aufgabe der Werte und der Definition des Begriffes zu, damit das Thema noch greifbarer wird.

WAS WERTE SIND

Werte *sind: Unterstellungen, Vorstellungen, Appelle, Werkzeuge der Manipulation.*

Wenn die Gesellschaft ein riesiges Kommunikationssystem ist und wenn Werte im gesellschaftlichen Leben nur annähernd die bedeutende Rolle spielen, die ihnen allgemein zugeschrieben wird, dann ist diese Rolle aller Wahrscheinlichkeit nach in der Kommunikation zu finden. Dass dies tatsächlich der Fall ist, wird dieser Abschnitt zeigen.

Doch zuvor sollten wir uns kurz mit den Motiven der Kommunikation befassen. Warum kommuniziert der Mensch überhaupt? Um es klar und eindeutig zu sagen: Menschen kommunizieren aus dem einzigen Grund, weil sie alleine ihre Bedürfnisse nicht befriedigen können. Das letzte Ziel jeder Kommunikation ist der Erhalt des eigenen Lebens.

Jeder Organismus ist sich selbst der Nächste

Menschen sind aufeinander angewiesen. Schon der Säugling braucht andere, um zu überleben, und daran ändert sich zeit eines Menschenlebens nichts. Sicherlich wird die Abhängigkeit der Einzelnen voneinander verdeckter, je größer eine Gesellschaft ist, je mehr die Arbeitsteilung darin voranschreitet und je unpersönlicher die meisten Beziehungen werden, aber das ändert nichts daran, dass Menschen nur auf kommunikative Weise für sich selbst sorgen können.

Aufgrund des selbstbezogenen Charakters der Kommunikation betont der Soziologe Günter Dux:

Letzter Zweck im Handeln ist immer der Handelnde selbst.[1]

Mit anderen Worten: Jeder Organismus ist sich selbst der Nächste. Man kann diese Aussage ruhig wörtlich nehmen. Nichts steht den Organismen auf dieser Erde so nahe wie ihr eigenes Funktionieren.

In dieser Selbstbezogenheit macht der Mensch keine Ausnahme, denn auch der viel beschworene menschliche Altruismus ist keine Nettigkeit, sondern beruht auf gegenseitiger Abhängigkeit. Der Mensch ist gut zu seinesgleichen, solange er auf die anderen angewiesen ist. Braucht er einen anderen nicht oder steht dieser ihm sogar im Wege, kann sich der Mensch als äußerst brutaler und mörderischer Egoist erweisen.

Aufgrund dieser Selbstbezogenheit des Individuums ist buchstäblich keine Kommunikation vorstellbar, hinter der nicht die Absicht direkter oder indirekter Bedürfnisbefriedung steht. Daran ist nichts Falsches, doch dieser Zusammenhang muss dick unterstrichen werden und darf – gerade beim Thema Werte – nicht verloren gehen.

Wer Werte ins Spiel bringt, der kommuniziert – und kommuniziert wird stets im Hinblick auf die Befriedung eigener und damit egoistischer Bedürfnisse.

Insbesondere Werteprediger sind jedoch Meister darin, den Eindruck des Egoismus zu verwischen und darüber hinaus sogar den Anschein zu erwecken, in erster Linie am Gemeinwohl interessiert zu sein (was immer das sein mag und wer immer das definieren könnte). Allerdings haben speziell Werteprediger – und das werden die folgenden Ausführungen zeigen – vor allem ihre eigenen Absichten und Bedürfnisse im Sinn.

Um den egoistischen Charakter der Kommunikation nachzuvollziehen, darf man menschliche Bedürfnisse allerdings nicht auf rein körperliche Bedürfnisse reduzieren, sondern muss sie wesentlich weiter fassen.

DIE BEDÜRFNISSE HINTER DER KOMMUNIKATION

Körperliche Bedürfnisse, vor allem nach *Nahrung* und *Sexualität,* sind für Menschen grundlegend. Um sie zu erfüllen, hat sich die Sprache als komplexe Form der Kommunikation entwickelt. Ähnlich grundlegend sind auch das psychische Bedürfnis nach *Liebe* oder das emotionale Verlangen nach *Freundschaften,* und darüber hinaus ist die Erfüllung *geistiger* und *kultureller* Bedürfnisse unverzichtbar.

Die Palette der menschlichen Bedürfnisse weist noch einen weiteren grundlegenden Punkt aus, der heutzutage ständig an Bedeutung gewinnt: das Bedürfnis nach einer *Identität.* Dieses spielt beim Thema Werte sogar eine besonders wichtige Rolle.

Identität als Bedürfnis

Eine Identität ist die Vorstellung, die ein Mensch von sich selbst entwickelt hat. Diese Vorstellung sorgt dafür, dass er sich als eigenständiges Individuum begreift und sich mit einer Bezeichnung versehen kann. Diese lautet: »Ich«.

Eine Identität lässt sich mit einer Zellhülle vergleichen. Die Zellhülle hält die zahlreichen Bestandteile der Zelle zusammen, damit diese nicht umherfließen und sich nicht in der Umgebung auflösen, denn das wäre das Ende der Zelle. Die Identität hält die selbstbezogenen Inhalte der Psyche zusammen – Gedanken, Gefühle, Fantasien, also sämtliche Wahrnehmungen – und sorgt dafür, dass sich das Ich nicht auflöst.

Darum vermittelt seine Identität dem Einzelnen, *wer er ist* – beispielsweise »ein Mann«, »eine Frau«, »ein Künstler«, »ein Deutscher«... und wie er sich deshalb zu verhalten hat.

Wer über keine ausreichende Identität verfügte, wer keine befriedigende Vorstellung davon hätte, wer er ist – ob Christ, Jude, Moslem oder Atheist; ob Mann oder Frau, ob Kind, Jugendlicher oder Greis, ob heterosexuell, homosexuell oder asexuell –, der wüsste sich nicht zu verhalten. Er schwämme orientierungs- und haltlos inmitten einer unendlichen Zahl verschiedenster Verhaltensmöglichkeiten und wäre nicht in der Lage, daraus zu wählen.

Wie bedeutend das Bedürfnis nach einer verlässlichen Identität ist, zeigt sich darin, was Menschen tun, um eine Identität aufzubauen und zu festigen. Sie werden Star oder himmeln Stars an, sie werden Fans dieses oder jenes Sportvereins, sie tragen diese oder jene Mode, sie vertreten diese oder jene Meinung, sie kämpfen für diese oder jene Religion, diesen oder jenen Staat und so weiter und so fort.

Dem mächtigen Bedürfnis danach, die persönliche Identität zu erhalten und zu festigen, werden wir in unserer Werteanalyse noch häufiger begegnen.

Machtbedürfnis

Einen besonderen Rang im Reigen der menschlichen Bedürfnisse nimmt die *Macht* ein. Wenn man sich in der Welt umschaut, kann man leicht feststellen, dass es ein immenses Streben nach Macht gibt. Vor allem Politiker und Wirtschaftsbosse,[2] aber bei Weitem nicht nur diese erliegen diesem Drang. Das hängt damit zusammen, dass jemand, der über Macht verfügt, seine übrigen Bedürfnisse besonders gut erfüllen kann.

Hier zeigt sich der egoistische Charakter der Bedürfnisse besonders klar: Macht dient nur einem einzigen Zweck – die eigenen Bedürfnisse gegen die anderer durchzusetzen. Der Wunsch nach Macht kann aufgrund dieser Tatsache schier grenzenlos sein.

Halten wir so weit fest: In der menschlichen Kommunikation geht es in erster Linie um die Befriedung körperlicher, emotionaler, psychischer und geistiger Bedürfnisse und um die Befriedung der Bedürfnisse nach Identität und Macht. Was hat das nun mit den Werten zu tun, unserem eigentlichen Thema?

Interessen und demonstrierte Rücksichtnahme

Behält man die Bedürfnisbefriedigung auf den verschiedenen Ebenen im Blick, tritt die Gesellschaft als ein Kommunikationssystem hervor, in dem Individuen auf der Grundlage gegenseitiger Abhängigkeit um die Durchsetzung eigener Bedürfnisse konkurrieren.

Es versteht sich von selbst, dass eigene Bedürfnisse in dem weiten gesellschaftlichen Feld nicht ohne Weiteres durchgesetzt werden können. Man muss sie gegenüber anderen behaupten. Bedürfnisse, zu deren Erfüllung man gezwungen ist, sich mit anderen Menschen abzustimmen, werden gemeinhin als *Interessen* bezeichnet. Insofern kann man die Gesellschaft als ein Feld sehen, auf dem es einzig und allein um Interessenvertretung geht.

Das gilt für das kleine Feld persönlicher Beziehungen
ebenso wie für die großen Bereiche unpersönlicher Vernet-
zungen. Um aber auf der Ebene unpersönlicher Beziehungen
möglichst erfolgreich zu agieren, schließen sich Einzelne zu
Interessengruppen zusammen. Wir finden diese Verknüp-
fungen in allen gesellschaftlichen Bereichen: in Wirtschaft,
Religion, Politik, im Gesundheitsbereich et cetera. Diese Macht-
gruppen unterscheiden sich in Bezug auf die Motive ihrer
Kommunikation nicht von den Individuen – sie sind auf
sich selbst bezogen und führen stets eigene Interessen im
Sinn.

Nun steht die Frage im Raum, in welcher Form der Einzelne oder die Gruppe in der gesellschaftlichen Kommunikation eigene Interessen vertritt. Denn selbstverständlich kennt
jeder die Macht anderer und weiß aus Erfahrung, dass man
Rücksicht auf die anderen nehmen muss. Da aber der Inter-
essenabgleich grundsätzlich in kommunikativen Situationen
stattfindet, hat das zur Folge, dass man Rücksicht vor allem
in kommunikativen Situationen nehmen muss, also in Situationen, in denen man mit anderen Kontakt hält. Das bedeutet:

Wer an gesellschaftlicher Kommunikation teilnimmt, will seine
Absichten darin durchsetzen; und dazu muss er den Eindruck
hervorrufen, er nehme möglichst viel Rücksicht auf die anderen
Beteiligten.

Die Betonung liegt hier auf dem *Eindruck* der Rücksichtnahme. Dieser Eindruck ist nämlich wesentlich wichtiger als
eine in der Lebensführung tatsächlich gezeigte Rücksichtnahme!

DER EINDRUCK DER RÜCKSICHTNAHME

Nehmen wir als Beispiel den Reichtum, den unsere Gesellschaft erwirtschaftete. Er wird abhängig davon verteilt, ob jemand Arbeit hat oder nicht. Wer über Arbeit verfügt, verfügt über Einkommen und kann sich einen bestimmten Lebensstandard leisten. Wer indes keine Arbeit findet, wird an den sozialen Rand und die Armutsgrenze gedrängt. Immerhin betrifft die Arbeitslosigkeit in unserem Land mittlerweile etwa sieben Millionen Menschen, also fast 10 Prozent der Bevölkerung, darunter hoch qualifizierte Fachkräfte, auch wenn viele Statistiken diese Situation verschleiern.

Im Rahmen sogenannter Reformen gelingt es nun sogar, Arbeitslosengeld II und Sozialhilfe für diese Leute mit fadenscheinigen Argumenten zu kürzen und sie in Billiglohnverhältnisse zu drängen. Statt die vorhandene Arbeit zu verteilen, wird den Arbeitslosen unterstellt, sie wären an ihrer Lage selbst schuld, weil sie faul und unmotiviert seien, was, wie Forscher berichten, nur für den kleinsten Teil dieser Menschen zutrifft, für etwa 4 Prozent.

Von gelebter Rücksicht kann man deshalb kaum sprechen, eher von erfolgreich praktiziertem Egoismus! Wer Arbeit hat, will sie behalten und nicht mit anderen teilen, und die Arbeitslosen sind ihm ziemlich gleichgültig.

Aber *gerade deshalb und damit dieser Egoismus überhaupt gelingt,* muss gegenüber den Arbeitslosen der Eindruck geweckt werden, man nähme Rücksicht auf sie und übe Solidarität mit ihnen. Und natürlich müssen vor allem Politiker das tun, weil sie auf die Wahlstimmen der Arbeitslosen angewiesen sind. So werden fleißig sinnlose Qualifizierungsmaßnahmen aufgelegt und ebenso wirkungslose Investitionsprogramme durchgeführt, die vor allem einem Ziel dienen:

Anteilnahme zu demonstrieren und Hoffnungen zu erwecken, um die Benachteiligten zum Stillhalten zu bewegen und währenddessen eigene Interessen zu wahren.

Dieses kleine Beispiel soll zeigen: Wer seine Interessen durchsetzen will, muss keine wirksame Rücksicht nehmen, aber er muss Rücksicht *demonstrieren*.

Je überzeugender diese Demonstration der Rücksichtnahme in kommunikativen Situationen gelingt, desto größere Chancen hat man, die eigenen Interessen gegen andere durchzusetzen. Erfolgreich in diesem Sinne ist mit anderen Worten, wer andere besonders effektiv zu manipulieren vermag. Das bedeutet:

Die Gesellschaft ist eine riesige Veranstaltung zur gegenseitigen Manipulation.

Mit dieser nüchternen Feststellung ist allerdings keine moralische Wertung verbunden, sie ergibt sich allein aus der Beobachtung menschlichen Verhaltens. Menschen versuchen ständig, sich gegenseitig zu manipulieren. Das heißt, sie versuchen, sich gegenseitig zu einem bestimmen Verhalten zu veranlassen.

Darin, beim Gegenüber möglichst verlässlich ein gewünschtes Verhalten zu erzeugen, liegt schließlich der ganze Sinn der Kommunikation.

Kommunikation bedeutet: Jeder möchte den anderen in die eigene Interessenlage einbinden. Je zuverlässiger man das Verhalten anderer festlegen kann, desto leichter lassen sich eigene Interessen durchsetzen und eigene Bedürfnisse befriedigen. Das gilt übrigens auch für die Liebe, die ja ebenfalls

ein individuelles, egoistisches Interesse ist und nichts anderes sein kann, was ich in meinem letzten Buch *Und sie verstehen sich doch!* ausführlich dargestellt habe.

RAFFINIERTE APPELLE AN GEMEINSAMKEIT

Nun steht eine letzte Frage im Raum, und die Antwort darauf
wird uns unmittelbar zu den Werten führen: Wie ruft man in
der Kommunikation den Eindruck der Rücksichtnahme hervor, wenn es jedem vorwiegend um die Durchsetzung eigener
Interessen geht, man aber genau das nicht offen zeigen darf,
weil man dann durchschaut wird und nicht besonders weit
kommt?

An dieser Stelle können wir an die vorher gemachten
grundlegenden Ausführungen anknüpfen, die gezeigt haben,
dass die Gesellschaft aus Sicht des Einzelnen eine Vorstellung ist.

Der Eindruck der Rücksichtnahme wird erzeugt, indem man sich
auf etwas scheinbar Gemeinsames beruft und hofft, andere so
von den eigenen egoistischen Beweggründen abzulenken!

Die grundlegendste aller Gemeinsamkeiten, auf die man sich
berufen kann, ist die von jedem Einzelnen verinnerlichte
Vorstellung, der gleichen Gesellschaft anzugehören. Die Vorstellung, in einem gemeinsamen Boot zu sitzen und Teil
eines großen Ganzen, eines großen »Wir« zu sein.

Wir sind doch alle Menschen, Europäer, Deutsche... ein
Volk, eine Kultur...; wir sind doch alle verbunden miteinander. Wir wollen doch alle das Gleiche... *Gerechtigkeit – Freiheit – soziale Marktwirtschaft – Rechtsstaatlichkeit – Gesundheit – Ehrlichkeit – Toleranz – Wohlstand – Sicherheit...!*

Wie Sie sicherlich gemerkt haben, sind wir bei den Werten angekommen; und an diesem Punkt stellen wir fest: Werte appellieren! Da Menschen ihrer Vorstellung gemäß der gleichen Gesellschaft angehören, lässt sich an diese vorgestellte Gemeinsamkeit bestens appellieren.

Werte sind daher nicht mehr (aber auch nicht weniger!) als raffinierte Appelle an vermeintliche Gemeinsamkeiten.

Das lässt sich schon an der Art und Weise erkennen, wie über Werte gesprochen wird. Werte konstituieren (angeblich) die Gesellschaft; sie bilden (angeblich) ihr Fundament; sie werden (angeblich) von allen Mitgliedern einer Gesellschaft geteilt; auf ihnen beruht (angeblich) die Kultur. Damit beschwören Werte die Zusammengehörigkeit der Individuen wie kein anderes Kommunikationsmittel.

Der Bedarf an Werten

Die Definition des Soziologen Dirk Baecker bringt diesen erstaunlichen Charakter der Werte auf den Punkt. Er sagt schlicht:

Werte sind Gemeinsamkeitsunterstellungen.[3]

Diese Definition weist exakt auf den Ort hin, an dem Werte vorkommen: auf die Kommunikation. Werte erfüllen einen ganz bestimmten Zweck in der Kommunikation. Sie dienen dazu, in der Auseinandersetzung der Individuen und Gruppen bei Bedarf den Eindruck von Gemeinsamkeit herzustellen. Die Betonung liegt hier auf der Formulierung »bei Bedarf«.

Wann ist solch ein Bedarf an vermeintlicher Gemeinsamkeit gegeben? Dirk Baecker führt dazu aus:

Immer dann, wenn man ein Interesse hat, Identität und Hand-lung des anderen für die eigenen Zwecke verlässlich festzulegen (ohne genau das allzu deutlich werden zu lassen), unterstellt man ihm oder ihr Werte, um ihn zu binden.[4]

Damit ermöglicht der Wert ...

... das Geschäft auch dann, wenn alle Erwartungen unterschied-lich sind. Er stellt keine Gleichwertigkeit her, sondern für den Moment eine Differenz still.[5]

Mit dem »Geschäft« ist die Kommunikation gemeint, hinter der sich stets unterschiedliche egoistische Interessen und Be-dürfnisse der Beteiligten verbergen. Der Wert wird nun ge-braucht, um die Differenzen dieser Interessen »für den Mo-ment«, also für die Kommunikation selbst, nicht aufbrechen zu lassen, sondern im Gegenteil möglichst ruhig zu stellen.

In dieser Stillstellungsaufgabe von Unterschieden besteht das wesentlichste und faszinierendste Merkmal der Werte. Werte können allerdings nur greifen, wenn sie als unbezwei-felbar gelten und solange sie nicht angezweifelt werden.

Die Geltung des Wertes wird vorausgesetzt und hat allein in diesem Modus der Kommunikation ihre täglich erneuerte Unbe-zweifelbarkeit.[6]

War in den weniger komplexen Gesellschaften früher das Wort Gottes oder des Königs unbezweifelbar, so ist in den heutigen komplexen und aufgeklärten Gesellschaften der

Wert an diese Stelle getreten. Er steht über jedem Zweifel und gilt für alle und jeden. Jeder ist schließlich für Gerechtigkeit, Freiheit, Gleichheit – zumindest solange er sich in der Kommunikation aufhält.

Werte sind demnach unbezweifelbare Vorstellungen.

Erläutern wir diese Unbezweifelbarkeit am Wert der Ehrlichkeit in Beziehungen. Es ist keine Liebesbeziehung vorstellbar, in der ein Partner erklärt: »Ich lege Wert auf Ehrlichkeit« und der andere erwidert: »Ich lege keinen Wert auf Ehrlichkeit«. Wer würde sich auf eine solche Beziehung einlassen?

Auf Ehrlichkeit Wert zu legen hat jedoch nicht viel damit zu tun, tatsächlich ehrlich zu sein und sich beispielsweise alles zu erzählen. Im Gegenteil, je mehr man in Beziehungen für sich behält, desto besser lässt sich der *Eindruck* von Ehrlichkeit bewahren, weil ja nur Verbindendes und nichts Trennendes mitgeteilt wird. Zu viel Ehrlichkeit stört in der Liebe. Kommt dann aber etwas heraus, kann man immer noch streiten, was man für ehrlich gehalten hat und was nicht. Nur eines ist nicht möglich: auf die Vorstellung der Ehrlichkeit zu verzichten, denn damit würde man eine wichtige Gemeinsamkeitsunterstellung aufgeben.

DER WERT ALS SCHEINBARE GEMEINSAMKEIT

Man muss sich die Definition der Werte als »Gemeinsamkeitsunterstellungen« ganz genau ansehen, um zu begreifen, dass es sich bei Werten lediglich um *unterstellte* Gemeinsamkeit und nicht um tatsächlich gelebte Gemeinsamkeiten handelt.

Welche realen Gemeinsamkeiten hat beispielsweise ein

Arbeiter mit einem Unternehmer? Den Wert der Freiheit?
Welche Freiheit ist gemeint? Finanzielle Freiheit? Reisefrei-
heit? Oder ist Gleichheit gemeint? Etwa Chancengleichheit?
Oder rechtliche Gleichheit? Geht man ins Detail, findet sich
hier und auch sonst wo wenig Gemeinsames.

Was in der Gesellschaft aber weitaus dringender als echte
und gelebte Gemeinsamkeit gebraucht wird, ist die *Vorstellung*, es gäbe etwas, das jenseits von allen Unterschieden für
alle gleichermaßen gilt. Das sind die Werte. Damit tragen
Werte, wie Niklas Luhmann es ausdrückt, dem

*... Bedürfnis Rechnung, oberhalb aller Meinungskontingenzen
[dass etwas so oder anders sein könnte; M. Mary] noch eine
Ebene unverletzlicher Geltung zu wissen.*[7]

Diese Ebene unverletzlicher Geltung ist der Wert. Der Wert
weist insofern eine geniale kommunikative Eigenschaft auf:
Seine Unterstellung gilt für alle, und seine Geltung kann von
niemandem ernsthaft bestritten werden.

Eine gesellschaftliche Auseinandersetzung, in der sich beispielsweise einer auf Gerechtigkeit beruft und der andere
erklärt, Gerechtigkeit sei Blödsinn und Ungerechtigkeit sei
viel erstrebenswerter, ist nicht vorstellbar. Ebenso wenig denkbar ist es, mit jemandem auf gesellschaftlicher Ebene zu
agieren, der erklärt, Freiheit sei für ihn wertlos. In diesen
Fällen gäbe es keine Gesprächsgrundlage, keine Gemeinsamkeit, keine Bereitschaft zum Kontakt, zumindest nicht zu
friedlichem Kontakt.

Wenn die Gesellschaft, wie oben ausgeführt, aus Sicht des
Individuums eine äußerst komplexe Vorstellung ist, dann
kann man die Vorstellung, über Gemeinsamkeiten und damit
über Verbindendes zu verfügen, nicht daraus wegdenken.

Der eine mag Unternehmer und der andere Arbeiter, der dritte Millionär und der vierte Bettler, der eine mächtig und der andere machtlos sein – um sich zur gleichen Gesellschaft zugehörig zu fühlen, müssen alle Beteiligten Gemeinsames finden, das sie bei allen und trotz aller Differenzen scheinbar miteinander verbindet. Und das sind die Werte.

Diese Funktion der Werte als Gemeinsamkeitsunterstellung wird etwa an einer Bemerkung von Angela Merkel deutlich, die sagte:

Wir müssen uns schon überlegen, was der Kitt sein soll, der unsere Gesellschaft zusammenhält.

Die Worte der Kanzlerin stellen eine klassische Anspielung auf Gemeinsamkeiten dar, durch die der Widerspruch der anderen besänftigt werden soll. Wer sich auf Werte beruft, führt scheinbar Gutes *für alle Beteiligten* im Schilde. Wer Werte ins Spiel bringt, ruft den Eindruck einer prinzipiellen Interessenähnlichkeit hervor, unabhängig davon, ob diese besteht oder nicht.

Doch der Wert stellt lediglich *für die Kommunikation* die Unterschiede der Beteiligten still. Hinter dem scheinbar harmlosen Wert und seinem Gebrauch lauern aber die jeweiligen unterschiedlichen Interessen und die egoistischen Bedürfnisse.

Halten wir also fest:

- Werte sind nichts weiter als Vorstellungen. Sie sind Vorstellungen einer vermeintlichen Gemeinsamkeit.
- Mit dem Appell an Werte wird versucht, andere zu manipulieren und ihr Verhalten sowie ihre Identität möglichst verlässlich festzulegen.

- Ein Wertebeschwörer ist nicht etwa ein selbstloser
  Mensch, sondern einer, der lediglich so erscheinen
  will.
- Der Werteprophet ist ein Wolf im Schafspelz.

Das Beste, das sich bislang über Werte sagen lässt, ist: Mit
Werten bleibt man im Gespräch. Zugleich wird mit diesen
Einsichten offensichtlich, was Werte *nicht* sind.

WAS WERTE NICHT SIND

Werte *bilden weder das Fundament der Gesellschaft, noch geben sie Handlungsorientierung, noch verschaffen sie eine verlässliche Identität, weder sind sie »leitende Beurteilungsmaßstäbe menschlichen Handelns« noch »oberste Handlungsregulative«.*

Wer das Thema Werte und ihre Handhabung begreifen will, muss einsehen und notfalls schlucken: Werte sind Vorstellungen, die in der Kommunikation greifen, aber sie sind keinesfalls Vorlagen für ein gelebtes Leben. Damit sind Werte genau das *nicht*, was immer und überall von ihnen behauptet wird.

Von wegen »Fundamente der Gesellschaft«

Die Aussage, Werte würden eine Gesellschaft begründen, ist in fast jedem Wörter- oder Schulbuch zu finden. Das wiederholte Auftreten macht diese Behauptung aber nicht glaubhafter. Man braucht nur einige grundlegende Überlegungen anzustellen, um die Absurdität dieser These zu erkennen.

Wenn eine Gesellschaft auf Werten aufbaut, müssten Werte bereits vor der Gesellschaft – und das bedeutet: vor dem Handeln – da gewesen sein. Denn schließlich müsste das Handeln ja auf Werte bezogen sein, und das ginge eben nur, wenn die Werte vor dem Handeln existierten.

Wie soll man sich das praktisch vorstellen? Haben Urzeit-Politiker in einer Art frühzeitlichem Hyde Park einen Wettstreit der Werte ausgetragen und diejenigen Menschen um sich versammelt, die bereit waren, aufgrund der propagierten Werte eine Gesellschaft zu gründen? Oder handelte es sich bei Wertentscheidungen vielleicht um frühdemokratische Gruppenprozesse, bei denen die jeweils an den Anfang einer Gesellschaft gesetzten Werte vorher ausdiskutiert wurden? Oder hat irgendjemand, ein Urkönig vielleicht, die Menschen unter seine Gewalt gebracht und seine Werte durchgesetzt? Wo hatte er sie her?

Das wirft weitere Fragen auf. Wie soll man Werte deklarieren, ohne zuvor Handlungen getätigt zu haben? Dann hätte es keine Möglichkeit gegeben, die Brauchbarkeit der angebotenen, diskutierten oder aufgezwungenen Werte zu beurteilen, weil man sie nicht zuvor hätte ausprobieren können, und das nicht nur einen Tag lang, sondern zumindest einige Leben lang.

War nun zuerst der Wert oder zuerst die Handlung da? Das ist die berühmte Frage nach der Henne und dem Ei, und damit beißt sich die Katze in den Schwanz, und die Gesellschaft verliert ihr angebliches Fundament. Der Wert kann nicht vor der Handlung da gewesen sein, und die Handlung kann nicht ohne Wertebezug durchgesetzt werden.

Andere Erklärungen bieten sich für die Werteprediger an. Demnach hat Gott die grundlegenden Werte einem Mann namens Moses in Form von Geboten überreicht. Aber auch das wirft lediglich weitere Fragen auf. Wenn es zuvor keine brauchbaren Werte gab, wie konnte Moses' Volk bis dahin quasi wertfrei zurechtkommen, und wie gelang das der Menschheit über ihre viele Tausend Jahre währende Geschichte? Man muss schon überzeugter Christ sein, um sich mit solchen Erklärungen zufriedenzugeben.

Die Frage, wie Werte entstehen, ist sehr interessant. Ich werde darauf im Abschnitt »Wertewandel« im Kapitel »Die

Wertediskussion« eingehen. Vorerst sei darauf verwiesen, dass
die Gesellschaft nicht auf Werten beruht, sondern auf Bedürfnisbefriedigung, und dass sie der Interessenvertretung
voneinander abhängiger Menschen dient. Wenn die Gesellschaft ein Fundament hat, dann besteht es in der gegenseitigen Abhängigkeit, darin, eigene Bedürfnisse nach Nahrung,
Liebe, Sinn, Identität und Ähnlichem im Verbund mit anderen Menschen zu befriedigen.

Von wegen »Handlungsgrundlage«

Nicht minder widersinnig wie die Vorstellung vom Wert als
Fundament ist die Behauptung, die Handlungen der Menschen ergäben sich aus Werten. Hören wir uns das im Origi-
nalton an, zitiert aus einer Vorlesungsankündigung der Leibniz Universität Hannover:

*Werte sind die »ethischen Imperative«, die das Handeln der
Menschen leiten, das heißt, sie sind die allgemeinsten Grund-
prinzipien (kulturelle, religiöse, ethische und soziale Leitbilder)
für die Handlungsorientierung und die Ausführung bestimmter
Handlungen.*[1]

Der katholische Kardinal Prof. Dr. Dr. Karl Lehmann bläst in
das gleiche Horn der gängigen Wertetheorie:

*Werte sind Leitlinien zur Orientierung des Menschen, die Hand-
lungsziele vorgeben und für die Sinnbildung bedeutsam sind.
Sie haben eine Führungsrolle im menschlichen Tun und Lassen
inne, wo immer Menschen etwas wünschen oder »wichtig«
finden ...*[2]

Für die Dozentin und den geistlichen Würdenträger leiten
Werte also Handlungen an. Diese Idee erscheint eigentlich
naiv, ist aber in Wirklichkeit raffiniert. Sie soll – zumindest
dem Kardinal als kirchenpolitischem Interessenvertreter würde
ich das unterstellen – arglose Menschen in die Wertefalle
führen. Denn wer glaubt, Werte würden bestimmte Handlungen nach sich ziehen, lässt sich leicht zu bestimmten Verhaltensweisen verführen, wenn er sich erst einmal auf einen
Wert verpflichtet hat. Beim Geistlichen wären das natürlich
sogenannte christliche Werte. Legen sich Menschen darauf
fest, hat der christliche Werteprophet sein Ziel der Manipulation erreicht und seine eigenen Absichten geschickt ver-
deckt.

Die Behauptung vom Wert als einer Handlungsorientierung lässt sich durch einfache Beobachtung widerlegen. Wenn
es stimmen würde, dass Werte bestimmte Handlungen vor-
gäben, wäre es vor dem Hintergrund eines bestimmten Wer-
tesystems ganz und gar unmöglich, andere, dem widerspre-
chende Handlungen durchzuführen.

Beispielsweise wäre es für einen christlichen Priester –
also für jemanden, der Frieden auf Erden und in den Herzen
verkündet und sich der Liebe zu den Menschen verpflichtet
fühlt – unmöglich, Panzer und Waffen zu segnen. Wie verträgt sich das mit der Nächstenliebe? Ebenso unmöglich wäre
es christlichen Priestern, Kinder sexuell zu missbrauchen,
was bekanntlich weltweit geschieht. Und wie könnten Ge-
schäftsleute vor dem Hintergrund des auch von ihnen hoch-
gehaltenen Wertes der Menschlichkeit die Obdachlosen, die
im kalten Winter nachts vor ihren Geschäften übernachten,
durch Ordnungskräfte entfernen lassen? Unmöglich wäre es
auch, im Namen der Menschlichkeit Verbrecher hinzurichten
oder im Namen der Rechtsstaatlichkeit Menschen jahrelang

ohne jedes Recht und jeden Kontakt zur Außenwelt einzu-
sperren, wie es in Guantánamo und den zahlreichen, über
die Welt verstreuten Geheimgefängnissen geschieht. Wie
könnten Menschen vor dem Hintergrund der Menschenwürde
einander foltern und ermorden?

Aber solches und weitaus Grausameres tun Menschen
sich gegenseitig an. Daran lassen sie sich von ihren besten
und edelsten Werten nicht hindern!

Nun könnte man einwenden, Menschen seien eben nur
Menschen, und leider würden sie in ihren Handlungen auch
gegen Werte verstoßen. Dann stellt sich natürlich die Frage,
wie Werte dann Handlungen vorgeben könnten. Außerdem
müsste man erklären, *auf welchen Werten solche unerwünsch-
ten Handlungen beruhen.* Denn wenn Handlungen grundsätzlich auf Werte zurückgehen, gibt es keine wertefreien
Handlungen und deshalb für jede Handlung einen Wert. Worauf beruhen die geschilderten Grausamkeiten? Auf dem Wert
der Unmenschlichkeit? Dem Wert der Unchristlichkeit? Dem
Wert der Ungerechtigkeit? Das ergibt keinen Sinn.

Gerechtigkeit

Ich halte mich an meinen Lehrer, Professor Klaus Tipke, den
deutschen Steuerpapst, der gesagt hat:

Die gerechte Verteilung der Gesamtsteuerlast auf die einzelnen Bürger ist ein Imperativ der Ethik. Die vornehmste
Aufgabe eines Rechtsstaates ist es, für gerechte Regeln zu
sorgen und sie durchzusetzen, seine Bürger vor Unrecht zu
schützen.

Das deutsche Steuerchaos ist das Gegenteil dieses Ideals.
Michael Balke, Steuerrichter[3]

Es macht auch wenig Sinn zu behaupten, Menschen könnten ihre Werte vorübergehend vergessen oder aus dem Auge verlieren. Dann müssten sie in solchen Momenten schlicht handlungsunfähig werden, was ja offensichtlich nicht der Fall ist. Auch die Wertehierarchie, die als letzte Erklärungsmöglichkeit herangezogen werden könnte, erklärt die Angelegenheit nicht; darauf werde ich gleich noch näher eingehen. Denn wenn es eine Wertehierarchie gäbe, könnte gegen alle rangniedrigeren, nicht aber gegen den wichtigsten Wert verstoßen werden. Und welcher Wert dieser zentrale und per Definition »unverletzliche« Wert sein sollte, darauf kann man gespannt sein.

Nein, es bleibt dabei: Ein Wert leitet weder die Handlungen der Menschen an, noch legt er sie fest. Betrug wäre sonst unmöglich. Der Wert versucht lediglich, bei Bedarf – also in einer kommunikativen Situation – das Gegenüber festzulegen und in die eigene Interessenlage einzuweben.

Werte sind *Vorstellungen* – Erfreulicheres lässt sich über sie kaum sagen. Dass Vorstellungen kaum als Handlungsgrundlagen taugen, ergibt sich aber schon daraus, dass sie stets allgemein und unverbindlich bleiben müssen. Vorstellungen werden nämlich unabhängig von konkreten Situationen entwickelt, während Handlungen situationsabhängig sind. Deshalb ist es auch kein Problem, sich schon bei kleinsten Anlässen entgegen jeder vorgestellten Wertebindung zu verhalten.

Dazu ein kleines Beispiel, das die Werte Solidarität und Rücksichtnahme betrifft. Am Ende eines Urlaubs, den ich auf den Kanaren verbrachte, konnte ein Bus, besetzt mit rund vierzig entspannten und erholten Urlaubern, aufgrund eines Steinschlages nicht zum Flugplatz gelangen. Personenwagen war es jedoch möglich, den Engpass zu passieren. Das Pro-

blem bestand allerdings darin, dass kaum ein PKW vorbei-
fuhr. Je näher der Abflugtermin rückte, desto nervöser wurden die Leute. Nach dreißig Minuten war eine regelrechte
Schlacht um die wenigen Plätze entbrannt, die von Autofah-
rern zur Verfügung gestellt wurden. Vordergründig zivili-
sierte Menschen drückten sich gegenseitig weg, blockierten
Autotüren, um Platz für die Ehefrau zu sichern, zwei Leute
wurden aus Autos herausgezerrt, ein Mann stürzte, ein Koffer
riss auf, zwei Männer drohten sich Prügel an.

Gleichheit

Wer zur Zeit der DDR in einem Stasi-Gefängnis einsaß, hat für
diesen Zeitraum keinen Anspruch auf Rente.
Seinen Bewachern steht der volle Rentenanspruch zu.

Von welchen Werten wurden diese Menschen geleitet, wenn
es offensichtlich nicht Rücksichtnahme und Solidarität waren? Etwa von dem Wert der Pünktlichkeit? Das wird ja keiner ernsthaft behaupten wollen. Sie wurden von ihren eigenen
Interessen gelenkt, und wie unbedeutend diese im Einzelfall
auch sein mochten, jeder war sicher, dass sein Anliegen das
wichtigste war.

Wohlgemerkt: Es ging um nichts Notwendiges. Was aber
geschieht mit unseren schönen Wertvorstellungen, wenn es
tatsächlich um etwas Existenzielles geht, um Leben und Tod?
Dann werden sie schlicht und einfach ignoriert und, so könnte
man sagen, zeitweise außer Kraft gesetzt. Zeitweise meint,
für die Dauer der Handlung, um dann für die nächste Kommunikation wieder hochgehalten zu werden.

Von wegen »verlässlicher Identitätsbegründer«

Ebenso oft aufgestellt und ebenso falsch wie die beiden vorherigen Behauptungen ist auch die Aussage, Werte würden dem Menschen eine feste und verlässliche Identität verschaffen. Wenn das tatsächlich der Fall wäre, gäbe es keine Doppelmoral, keine Kriminalität, keine Verbrechen – oder aber es gäbe jede Menge Verrückte.

Eine Identität, ich habe es schon erwähnt, ist die Vorstellung, die sich ein Mensch von sich selbst macht; und Werte sind ebenfalls Vorstellungen, nämlich von einer vermeintlichen Gemeinsamkeit.

Auf der Ebene der Vorstellungen passen Werte und Identität deshalb gut zusammen.

Aber eben nicht auf der Ebene des realen Handelns. Ansonsten müsste eine Handlung, die gegen einen bestimmten Wert verstößt, automatisch auch die Identität eines Menschen zerstören. Der Ehepartner, der untreu war, könnte sich nicht mehr als Ehepartner verstehen und der Dieb sich nicht mehr als Teil der Gesellschaft begreifen. Und der Soldat, der mordet, müsste aufhören, sich als menschlich zu empfinden.

Wer gegen die Werte verstößt, auf denen seine Identität angeblich beruht, müsste diese Identität augenblicklich verlieren. Die Bezeichnung für einen solchen Identitätsverlust lautet: Verrücktheit.

In unserer Gesellschaft laufen allerdings recht wenige Verrückte herum, während alle Menschen immer wieder gegen jeden denkbaren Wert verstoßen, an den sie sich gebunden glauben. Das liegt ganz einfach daran, dass man an ei-

nen Wert nur glaubt, solange man ihn braucht, und – daran
sei wieder und wieder erinnert – man braucht ihn in der
Kommunikation, aber nicht als Verhaltensgrundlage. Das bedeutet:

Werte und Identität gehen keine feste Verbindung miteinander
ein, sie sind sogar nur äußerst lose aneinandergekoppelt.

Identität als eine Vorstellung von sich selbst beinhaltet sicherlich auch die Vorstellung, das eigene Handeln werde von
Werten bestimmt und man gewinne aus Werten eine feste
und verlässliche Identität. Aber wie flexibel die Identität mit
ihrer angeblichen Wertbindung tatsächlich umgeht, kann
man im Alltag immer wieder neu beobachten. Gegen einen
Wert zu verstoßen mag jemanden verunsichern und seine
schön polierte Identität beschatten, aber auflösen kann es
diese nicht.

Menschlichkeit

Der Deutsch-Türke Murat Kurnaz war in dem völkerrechts-
widrigen Gefängnis Guantánamo knapp fünf Jahre unschuldig
in einen Käfig gesperrt.

Er wurde Tag und Nacht grellem Neonlicht ausgesetzt und
gefoltert. Beim Rücktransport von Kuba nach Deutschland
war er, von fünfzehn Soldaten bewacht, an Händen und Füßen
gefesselt mit verbundenen Augen auf den Boden liegend,
angekettet.

Bei seiner Übergabe an die deutschen Behörden wurde
seitens der USA die Bedingung gestellt, ihn menschlich zu
behandeln.[4]

Wenn man den Werten unbedingt eine Bedeutung für das eigene Handeln und die persönliche Identität zuweisen will, sollte man besser den Begriff der Wert*vorstellung* benutzen. Die Vorstellung, Werten zu folgen, mag den erwünschten Halt geben, aber man braucht diese schöne Idee – wie beschrieben – selbst dann nicht aufzugeben, wenn man sich konträr dazu verhält. Man denkt und sieht sich einfach als ehrlich, edel und gut und versteht sich als Teil der Achse der Guten.

Der Wert nimmt für die Identität des Einzelnen die gleiche Form an, die er in der Kommunikation trägt: die Form des Appells. Nur handelt es sich bezogen auf die eigene Identität um einen Selbstappell.

Dass man sich an einen Selbstappell ebenso wenig halten muss wie an einen Fremdappell, leuchtet ein. Notfalls ignoriert man einen Werteverstoß oder deutet ihn um. Auf diese Weise kann selbst die krudeste Handlungsrealität der Vorstellung, von edlen Werten geleitet zu sein, kaum etwas anhaben. Und deshalb ist das einzig Verlässliche, woran man sich bei Werten halten kann, die trügerische Vorstellung, sich an sie halten zu können.

Es bleibt also dabei:

- Werte legen nicht fest, sie appellieren lediglich.
- Wenn man eine verlässliche Grundlage für die Gesellschaft sucht, ebenso für die Handlungen der Menschen und für die Fähigkeit, Identität beweglich zu halten, dann liegt sie in den Interessen und dahinter in den Bedürfnissen der Individuen.

Werte können all das nicht bieten. Dazu sind sie viel zu widersprüchlich.

DIE WIDERSPRÜCHLICHKEIT DER WERTE

Widersprüchlichkeit der Werte: *Ein Wert, der in einem Bereich oder einer Situation brauchbar ist, kann in anderen Bereichen oder Situationen verheerend wirken.*

Es dürfte inzwischen offensichtlich geworden sein, dass Handlungen auf keinen Fall von Werten ausgewählt oder sogar bindend festgelegt werden. Das wäre auch ganz und gar unpraktisch und lebensfremd, weil nämlich sämtliche Werte aus Sicht des Handelnden im Widerspruch zueinander stehen.

Schauen wir uns diese Widersprüchlichkeit an, indem wir plakativ schildern, was geschieht, wenn man sein Verhalten auf einen ganz bestimmten Wert festlegen möchte.

Nehmen wir als Beispiel die Kindererziehung. Man schickt seine Kinder auf eine Schule, damit sie dort zu *Freiheit* und *Selbstbestimmung* herangezogen werden. Durch die autoritäre Weisung »Du gehst zur Schule«, die notfalls mit Ordnungsamt und Polizeikraft durchgesetzt wird, verstößt man jedoch automatisch gegen Freiheit und Selbstbestimmung. Man lässt den Kindern schließlich keine Wahl und gewährt ihnen keine Freiheit, sondern zwingt sie zum Schulbesuch. Diesen Verstoß gegen die eigenen Freiheitswerte kann man problemlos mit der eigenen *Verantwortung* und dem Wert der *Bildung* rechtfertigen, die die Kinder brauchen, um sich im späteren Leben zurechtzufinden.

Schlucken wir diese Kröte, und nehmen wir an, man habe zwei Kinder. Diese wird man auf der Grundlage der *Gleichheit* behandeln, dessen ist man sich absolut sicher, weil das

gerade gegenüber Kindern ein hoher Wert ist. Da eines der
beiden Kind aber weniger hell im Kopf ist als das andere, bekommt es Nachhilfeunterricht. Damit verstößt man gegen das
selbst auferlegte Gebot der Gleichbehandlung und rechtfer-
tigt das mit dem Hinweis auf die *Chancengleichheit*, schließlich muss man die ungleiche Verteilung der Begabung auf-
heben.

Demokratie

Die deutsche Verfassung wurde ohne Beteiligung des deutschen
Volkes beschlossen.

Der Rat der EU erlässt Gesetzte, die für alle Mitgliedsländer
Geltung haben. Er tagt grundsätzlich nicht öffentlich:
»Diese demokratische Perversität kommentiert der frühere
Präsident des Europäischen Parlaments, Hänsch, so: ›Das hat es
in der westlichen Welt noch nie gegeben, jedenfalls unter den
Demokratien nicht, dass ein Gesetzgebungsorgan hinter
verschlossenen Türen tagt und seine Beschlüsse im Geheimen
fasst.‹«[1]
Der Rat der EU entscheidet mit qualifizierter Mehrheit,
»wobei die Stimmen ihrer Mitglieder nach ihrer Größe gewich-
tet werden. ... Die Stimmenzahlen ... sind zugunsten kleiner
Länder verzerrt.«[2]
Danach hat gegenüber einem Deutschen jeder Pole zwei
Stimmen, jeder Luxemburger sogar vierzig Stimmen.

Als Nächstes erhält das Kind, das von beiden die besten Noten vorweisen kann, eine weitere Belohnung, ein Lächeln,
ein gutes Wort oder eine Taschengelderhöhung. Damit för-

dert man die *Leistung*, verhält sich aber ungerecht, schließlich ist das andere Kind nicht absichtlich dümmer, und es hätte auch gern eine Belohnung für seine Anstrengungen. Zusätzlich stachelt man die Kinder durch das Belohnungssystem zur *Konkurrenz* an und untergräbt damit die *Solidarität* unter Geschwistern. Alsdann stellt man zu allem Überdruss noch fest, das eine Kind mehr zu mögen als das andere, was der bedingungslosen *Liebe* widerspricht, die man gerade für die eigenen Kinder zu empfinden glaubt.

Wie man sieht, ist es schon in der Familie unmöglich, sein Verhalten auf bestimmte Werte festzulegen oder an diesen auszurichten. Nicht anders verhält es sich im gesellschaftlichen Bereich. Wenn die Gesellschaft sich beispielsweise auf *Freiheit* festlegt, gewinnen die Starken, und die Schwachen verlieren, was unsolidarisch ist. Jede gesetzliche Regelung, die dann zur Wahrung der *Solidarität* eingeführt wird, schränkt die *Freiheit* ein. Solchermaßen erzwungene Solidarität richtet sich nun gegen den Wert der *Selbstverantwortung*. Baut man dann mehr auf Selbstverantwortung, wird man automatisch ungerecht. Und so weiter und so fort.

Mitgefühl

Nach dem Besuch des Kinderhospizes »Sternenbrücke« zeigte sich Hamburgs Bürgermeister Ole von Beust emotional beeindruckt. Er appellierte an die Hamburger: »Bitte unterstützen Sie dieses Projekt mit Spenden.«[3]

Auf die Idee, das undichte Dach des Sterbehauses aus Mitteln der Stadt erneuern zu lassen, kam von Beust nicht. Stattdessen fördert er lieber prestigeträchtige Großprojekte im Hafengebiet.

Was immer ein Einzelner oder die Gesellschaft tut: Wer handelt, der handelt unvermeidlich in verschiedenen Sinnzu-
sammenhängen und Lebensbereichen und gerät damit automatisch in Wertkonflikte. Der Soziologe Niklas Luhmann
drückt dieses Dilemma wie folgt aus:

... und dass es sich [bei Werten] um eine Paradoxie handelt, wird
erst klar, wenn man sieht, dass das Vorzuziehende gar nicht vor-
zuziehen ist, weil dies auf Kosten anderer Werte gehen würde.[4]

Man kann einem bestimmten Wert nur auf Kosten von anderen Werten den Vorzug geben. Wer sich auf einen Wert festlegt, verstößt unausweichlich gegen den nächsten. Was in
einem gesellschaftlichen Bereich wertvoll ist, beispielsweise
in der Gesundheit, ist im nächsten Bereich sinnlos oder kon-
traproduktiv, beispielsweise in der Wirtschaft. Deshalb können wir gegenwärtig dabei zusehen, wie medizinische Leistungen für alte Menschen rationiert werden, obwohl das
Leben aller Menschen angeblich gleich viel wert ist.

Die Widersprüchlichkeit der Werte ergibt sich also schon
daraus, dass ein Wert in jedem Subsystem etwas anderes aus-
löst. Man kann sich vorstellen und in jüngster Vergangenheit
beobachten, was beispielsweise ein allseits geforderter Wert
wie *Ehrlichkeit* im Politiksystem auszulösen in der Lage ist.

Der ungarische Regierungschef hat in einer internen Par-
teisitzung zugegeben, dass sämtliche Versprechen, die er vor
seiner Wahl abgegeben hat, erlogen waren. Eine Tonband-
aufnahme dieses ehrlichen Geständnisses gelangte in die Öffentlichkeit, woraufhin in Budapest Unruhen ausbrachen und
der Rücktritt des Mannes gefordert wurde. Die Menschen em-
pörten sich allerdings nicht darüber, dass in der Politik gelogen wird. Das wissen und akzeptieren sie offenbar. Sie sind

vielmehr empört, dass jemand das zugibt, statt den schönen Schein zu wahren.

Sicherheit

Von 31.829 Verfahren im Jahr 2001 sank die Zahl der verfolgten Straftaten in Hamburg im Bereich der organisierten Kriminalität auf 886 Fälle im Jahr 2003.

In Hamburg regiert die CDU, die den Wert »Sicherheit« wie kaum eine andere Partei auf ihre Fahnen schreibt.

Das Beispiel aus Ungarn zeigt: Ein Wert mag in einem gesellschaftlichen Subsystem unter bestimmten Umständen zu gebrauchen sein, in einem anderen gesellschaftlichen Bereich wirkt er dagegen verheerend. Deshalb kann sich niemand wirklich auf Werte festlegen. Die Wirtschaft braucht Freiheit, um sich entwickeln zu können, aber genau diese Freiheit muss kartellrechtlich eingeschränkt werden, damit die Leute vor allzu krasser Ausbeutung geschützt sind. Kaum zu gebrauchen ist der Wert der Toleranz im Strafvollzug. Und wie sieht es mit dem Wert der Freiheit in Liebesbeziehungen aus?

Aus dem Dilemma der Widersprüchlichkeit von Werten gibt es kein Entkommen. Werte müssen sogar widersprüchlich sein, um überhaupt als Vorstellungen akzeptiert zu werden. Doch dazu gleich mehr.

Das absurde Konstrukt einer Wertehierarchie

Die Widersprüchlichkeit der Werte leuchtet auch den Wertepropheten ein. Um die Illusion der aus Werten bezogenen

Handlung dennoch zu erhalten, wird Kritikern entgegnet,
Werte nähmen in jeder Kultur eine hierarchische Ordnung
ein. Bestimmte Werte seien wichtiger als andere und stünden
folglich über diesen. Im Falle eines Wertekonfliktes müsste
man sich deshalb an den nächsthöheren Wert halten und
damit leider gegen die rangniedrigeren Werte verstoßen. Das
sei aber in jedem Fall das kleinere Übel.

Das hört sich gut an, ist aber bestenfalls Unsinn. Wenn
man diese Idee durchdenkt, gelangt man recht schnell an die
Spitze der sogenannten unverzichtbaren Werte, sozusagen
auf den Olymp der Werte. Dort oben thront einsam und er-
haben: die Menschenwürde. Gegen diesen angeblich höchsten Wert (wie man hört, soll er sogar von Gott gegeben sein!)
darf nicht verstoßen werden, wenn etwas an dem Konstrukt
der Wertehierarchie dran sein soll – es sei denn, man würde
einen noch höheren Wert entdecken, aber der ist gegenwärtig nicht in Sicht.

Wenden wir uns vom schönen Schein ab und werfen wir
einen Blick ins Leben. Wie kann man mit Hinweis auf den
angeblich höchsten Wert der Menschenwürde beispielsweise
die vielen Kriege erklären? Wie den Kampf ums Öl? Wie steht
es um die Menschenwürde in den Gefängnissen und Elends-
vierteln dieser Welt? Wie sieht es mit dem – man muss es so
nennen – Ausschlachten von Hingerichteten in China aus,
deren Organe gut zahlenden Kunden eingepflanzt werden?
Wie gelingt es unter dem Aspekt der Menschenwürde, beim
Abschlachten ganzer Volksgruppen in Afrika tatenlos zuzu-
sehen? Und warum wollte man gerade die Iraker vor ihrem
bösen Diktator retten und andere Nationen nicht? Haben Iraker mehr Anrecht auf Menschenwürde als Afrikaner oder
Tibeter? Wie verträgt es sich mit der Menschenwürde, dass
täglich 26.000 Menschen verhungern, obwohl die moderne

Landwirtschaft nach Angaben der Vereinten Nationen zwölf Milliarden Menschen ernähren könnte?

Sicherlich kann man die tagtäglichen Verstöße gegen die Menschenwürde mit dem Hinweis auf andere Werte rechtfertigen, indem man sich beispielsweise auf das eigene Interesse und den eigenen Bedarf an Reichtum und Sicherheit oder an Öl beruft. Aber damit kippt die schöne Theorie der Wertehierarchie.

Die Konstruktion einer Wertehierarchie löst das Problem der Wertekonflikte ganz offensichtlich nicht. Aufgrund seiner soziologischen Forschungen kommt Niklas Luhmann daher zu dem eindeutigen Schluss:

Werte enthalten keine Regel für den Fall des Konfliktes zwischen Werten. Es gibt ... keine transitive oder hierarchische Ordnung der Werte.[5]

Die wahre Stärke der Werte: ihre Unverbindlichkeit

Wertekonflikten kann niemand ausweichen, sie ereilen den Wertegläubigen mit Sicherheit. Hierin offenbart sich allerdings keine Schwäche der Werte, sondern vielmehr ihre eigentliche Stärke. Das Problem der Wertekonflikte darf nämlich nicht lösbar sein, denn nur wenn Werte das Handeln *nicht* festlegen, können sie ihre Funktion als Gemeinsamkeitsunterstellungen durch alle Konflikte und Differenzen hindurch beibehalten.

Gerade weil sie das Handeln *nicht* festlegen, können Werte in der Kommunikation verwendet werden.

Wenn Werte zwingend bestimmte Handlungen nach sich ziehen würden, könnte man jemanden mit Hinweis auf einen
Werteverstoß festnageln und aus der privaten oder der gesellschaftlichen Kommunikation katapultieren.

So einfach ist das aber nicht, vor allem dann nicht, wenn
jemand im Gebrauch der Werte geübt ist und die raffinierten
Tricks der Werteanwendung kennt.

Gerechtigkeit

Das Kammergericht Berlin hat in einem Verfahren entschieden,
dass einem Gefangenen, der 73 Tage menschenunwürdig in
einer Justizvollzugsanstalt in einer Gemeinschaftszelle unter-
gebracht war, eine tägliche Entschädigung von 20 Euro zusteht,
die sich an dem Umstand orientiert, dass die Haftentschädi-
gung bei unschuldig inhaftierten Menschen bei menschenwür-
digen Haftbedingungen täglich 11 Euro betrage.[6]

VOM RAFFINIERTEN GEBRAUCH DER WERTE

Der Gebrauch von Werten *steht immer im Dienst von Interessen.*

Halten wir bis hierhin fest: Werte widersprechen einander, sie lassen sich nicht in eine Hierarchie einordnen und ihre wahre Stärke liegt in ihrer Unverbindlichkeit. Wer das berücksichtigt, kann Werte gemäß ihrer Bestimmung gebrauchen, das bedeutet, sie so in der Kommunikation einsetzen, dass die eigenen Interessen möglichst vollständig zum Zuge kommen.

In dieser Kunst der Manipulation lassen sich sieben große Tricks unterscheiden. Es handelt sich dabei um:

– das Wertehüpfen,
– das Aufblasen der Werte,
– das Verschleiern durch Werte,
– das Zitieren der Werte,
– das Stehlen der Unschuld mittels Werten,
– das Verschanzen hinter Werten und darum,
– Werte als Waffen zu benutzen.

Diese Tricks sollten wir uns näher ansehen.

Trick 1: Das Wertehüpfen

Wertehüpfen: *Das Ausweichen von einem Wert auf einen anderen mit dem Ziel, sich in seinen Handlungen und seiner Identität nicht festlegen zu lassen.*

Ich habe bereits betont, dass Werte entgegen allem Anschein keineswegs dazu dienen, Handlungen festzuschreiben. Ähnliches gilt für die Identität, auch sie darf durch Werte nicht allzu starr gebunden werden. Würden Werte wirklich Handlungen vorgeben, könnten sie im Grunde nicht zu Gemeinsamkeitsunterstellungen herangezogen werden.

Worin beispielsweise »Freiheit« besteht oder was einen »aufrechten Demokraten« oder »ehrlichen Lebenspartner« ausmacht, das kann niemand sagen und das darf auch nicht fest definiert sein. Auf diese Weise stellt jeder Wert einen erstaunlich weiten Interpretationsspielraum dafür zur Verfügung, was unter ihn eingeordnet werden kann. Wie weit dieser Spielraum geht, lässt sich jedoch nicht im Voraus sagen, nicht im privaten Bereich und schon gar nicht im gesellschaftlichen Umfeld.

Deshalb ist jede direkte oder indirekte Festlegung auf Werte mit einem gewissen Risiko behaftet. Denn hat sich jemand entsprechend gebunden, läuft er Gefahr, dass seine Handlungen und seine Selbstdarstellung an diesen sowieso schon vagen Maßstäben gemessen werden und andere zu dem Ergebnis kommen, es läge ein Werteverstoß vor.

Der Spielraum für die Werteberufung ergibt sich demnach aus der Reaktion der anderen. Man bemerkt irgendwann, dass man sich auf bestimmte Werte nicht mehr berufen kann, um beabsichtigte Handlungen vorzubereiten. Natürlich gibt der geschickte Wertevertreter in solch einem Fall nicht seine

Handlungsabsichten auf. Vielmehr hüpft er elegant auf andere Werte und beschwört damit die angebliche Gemeinsamkeit von einer anderen Seite – alles, um Zustimmung zu seinen Absichten zu erlangen.

Momentan halten 66 Prozent der Deutschen die Politik des Landes für ungerecht. Da liegt es nahe, alle denkbaren Handlungen auf den Wert der Gerechtigkeit auszurichten. Das versuchen die politischen Parteien beispielsweise, wenn es um die Frage geht, welche Leistungen Arbeitslosen zustehen. Sollen Menschen, die 35 Jahre lang in die Arbeitslosenversicherung eingezahlt haben, tatsächlich nur ein Jahr lang Arbeitslosengeld I beziehen, ebenso lang wie junge Leute, die gerade zwei Jahre gearbeitet und kaum Abgaben in den Topf abgeführt haben?

Das wäre zutiefst ungerecht, tönt Partei eins und beruft sich dabei auf *Gerechtigkeit*. Partei zwei kontert: Eine Hausratversicherung würde auch sofort nach Vertragsabschluss die volle Leistung zahlen und nicht erst nach langer Beitragszahlung. Alles andere wäre ungerecht und damit beruft sich auch Partei zwei auf *Gerechtigkeit*.

In dieser Situation wird es schwierig, sich einfach nur auf Gerechtigkeit zu berufen, und deshalb legt die erste Seite nach mit dem Argument, es ginge um *Leistungsgerechtigkeit*. Wer länger einbezahlt hätte, müsste auch mehr Leistungen erhalten. Daraufhin hält Partei zwei dagegen, unterschiedliche Leistungen würden die *Solidarität* zwischen den Arbeitnehmern untergraben.

Der Sprung von *Gerechtigkeit* zu *Leistungsgerechtigkeit* ist nur ein kleiner Hüpfer, der von *Gerechtigkeit* zu *Solidarität* schon ein größerer. Um die eigene Sache durchzuboxen, könnte sich die Partei eins nun darauf berufen, längere und höhere Arbeitslosengeldzahlungen an langjährig tätige Arbeitnehmer würde deren Motivation untergraben, sich eine neue Arbeit zu suchen, und brächte damit *Selbstverantwortung* ins Spiel.

Wenn sich beispielsweise eine politische Partei wie die SPD als sozial bezeichnet und sich damit *Gerechtigkeit* auf die Fahne schreibt, es gleichzeitig aber zulässt, dass Reiche immer reicher und Arme immer ärmer werden, wenn sie dann noch die Steuern für Reiche senkt, kann sie das mit Hinweis auf Gerechtigkeit nicht mehr verteidigen. Da müssen andere Werte herangezogen werden. Beispielsweise könnte gesagt werden, im Namen der *Liberalisierung* der Märkte wären solche Maßnahmen unvermeidbar, und durch den zu erwartenden Investitionsschub würden Arbeitsplätze und damit *Sicherheit* geschaffen.

So wird in der Politik – wie überall – von einem Wert zum nächsten gehüpft, mit dem Ziel, die eigenen Interessen zur Geltung zu bringen. Letztlich geht es allein um Wählerstimmen, darum, den Eindruck zu erwecken, es würde etwas für die Arbeitslosen oder gegen die Arbeitslosigkeit getan.

Ebenso gibt es im privaten Bereich Grenzen dafür, sich auf einen Wert berufen zu können, auch hier sind die Spielräume, die der Wert den Handelnden einräumt, unklar.

So lässt sich beispielsweise ein getrennt verbrachter Urlaub vom Partner noch unter den Begriff *Freiheit* einordnen. Ob ein Seitensprung auch unter Berufung auf Freiheit ausgeführt werden darf, ist meist zweifelhaft. Ein Partner, der seine Absicht zum Fremdgehen nicht kontrollieren kann, wird seine Handlung vor sich selbst mit Hinweis auf das gewachsene *Vertrauen* zwischen den Partnern rechtfertigen und sich sagen, die Angelegenheit habe für ihn keine Bedeutung oder sei »rein sexuell«. Auch dem Partner gegenüber wird er sich, falls die Eskapade auffliegt, auf Liebe und Vertrauen berufen, und dann wird er herausfinden müssen, ob sein Wertesprung nachvollzogen wird oder nicht.

Wenn ein Kind seine Eltern belügt, werden sich diese auf den Wert *Ehrlichkeit* berufen, dem Kind erzählen, man dürfe nicht lügen, und es mit einer Strafe belegen. Das Kind hat aber womöglich schon erkannt, dass sich diese Eltern gegenseitig vieles verschweigen oder verheimlichen, womöglich gegenseitig belügen; und das wird es vielleicht ins Spiel bringen und den Wert Ehrlichkeit für diese Situation damit fragwürdig erscheinen lassen. Die Eltern werden sich nun auf ihre *Verantwortung* berufen oder auf ihre Pflicht zu guter *Erziehung,* um ihre Strafabsicht zu rechtfertigen.

Solches Wertehüpfen im privaten und im öffentlichen Bereich lässt leicht den Eindruck entstehen, Werte wären völlig beliebig und im Grunde zu nichts zu gebrauchen. Aber das stimmt nicht. Werte sind immer zu gebrauchen, um die eigenen Interessen dahinter zu verbergen, und da die Werteverkünder nicht zwischen Interessen hin- und herhüpfen können, weil sie daran weit mehr als an allgemeine Vorstellungen wie Werte gebunden sind, praktizieren sie das Wertehüpfen.

Wer darin geübt ist, braucht seine Interessen nicht aufzugeben und kann sich dennoch als Glied der Achse der Guten darstellen.

Trick 2: Das Aufblasen von Werten

[Werte] *gleichen nicht, wie einst die Ideen, den Fixsternen, sondern eher Ballons, deren Hüllen man aufbewahrt, um sie bei Gelegenheit aufzublasen, besonders bei Festlichkeiten.*[1]
Niklas Luhmann

Niklas Luhmanns Bild von den Werten als Ballons, deren
Hüllen man aufbewahrt, um sie bei Gelegenheit aufzublasen,
beschreibt den zweiten Trick im Gebrauch der Werte ganz vor-
trefflich. Solch eine Gelegenheit ergibt sich beispielsweise
dann, wenn es Erfolge zu feiern gibt, weil eine Maßnahme
scheinbar oder tatsächlich die erwünschte Wirkung erzielt
hat.

Man könnte natürlich schlicht und einfach diese Maßnahme als eine richtige Handlungsweise darstellen und sich
auf die Schulter klopfen. Damit wäre das Kapitel abgeschlos-
sen, und genau darin bestünde der Nachteil dieses Vorge-
hens. Bei zukünftig geplanten Maßnahmen könnte man lediglich auf den vergangenen Handlungserfolg verweisen,
aber da dieser nichts über den Erfolg der nächsten Maßnahme aussagt, müsste man mit mühsamen Überzeugungs-
versuchen quasi von vorn beginnen. Spricht man den Erfolg
aber nicht vorrangig der getroffenen Handlungsweise zu,
sondern in erster Linie einem Wert, von dem man angeblich
angeleitet war, dann bläst man einen schönen Ballon auf, der
sich später wieder verwenden lässt.

Aktuelle Maßnahmen zur Reform des Gesundheitswesens
können solches Werte-Recycling veranschaulichen. Das Problem der Geldknappheit der Kassen wurde durch eine schlichte
Erhöhung der Zuzahlung und die neu erhobene Praxisge-
bühr vorübergehend gelöst. Man beruft sich jetzt allerdings
nicht auf diese fantasielose und im Grunde einfältige Regelung, um den Erfolg öffentlich hervorzuheben, sondern man
bläst einen Wert auf. Man tönt: »Es ist uns gelungen, mehr
Selbstverantwortung ins Gesundheitssystem zu bringen.«

Mit Selbstverantwortung haben diese Quasi-Beitragser-
höhungen natürlich nicht das Geringste zu tun. Doch wenn
dieser Wert genügend stark aufgeblasen ist und der Ballon

hoch genug steigt, dann hat man den Erfolg scheinbar *ihm, dem Wert,* zu verdanken. Und schon verfügt man über eine Hülle, die sich bequem einpacken und bei nächster Gelegenheit wieder verwenden lässt.

Diese Gelegenheit deutet sich bereits kurze Zeit später an, indem die Geldknappheit der Kassen wie vorausgesehen wieder eintritt. Politiker fordern nun, jeder Versicherte sollte 10 Prozent der Kosten einer Operation selbst tragen. Das passende Argument liefert der aufgeblasene Ballon, denn: »Wir brauchen wesentlich mehr *Selbstverantwortung* im Gesundheitswesen, wir verlassen uns zu sehr auf die Solidargemeinschaft.«

Wenn Selbstverantwortung gut ist, kann *mehr* Selbstverantwortung nur besser sein. Folgt man dieser Logik, sollten sich Kranke gleich selbst operieren, schließlich wäre das der Gipfel der Selbstverantwortung.

Der Ballon »Selbstverantwortung« scheint noch nicht ausgeleiert zu sein, noch steigt er hoch und ist nützlich, um so einfältige Maßnahmen, wie indirekte Beitragserhöhungen es sind, anzuregen und durchzusetzen.

Das Aufblasen von Werteballons lässt sich überall beobachten, wo Werteprediger einen Weg in der Öffentlichkeit finden. Im Wirtschaftsbereich gelang es nach dem Zusammenbruch der sozialistischen Länder den westlichen Beratern mit Erfolg, den Ballon des Liberalismus aufsteigen zu lassen. Der freie Markt wird es richten, wurde den Menschen versprochen, und zwar ganz von selbst. Das Ergebnis ist bekannt: Raubtierkapitalismus mit Dutzenden Milliardären, 80.000 Millionären in Moskau auf der einen und Millionen besitzlosen und hungernden Menschen auf der anderen Seite. Der »Demokrat« Jelzin hat es hinbekommen, dass zeitweise 80 Prozent der russischen Wirtschaft in der Hand von knapp zwölf Oligarchen lagen.

Auch die Kirchen üben sich gegenwärtig im Aufblasen von Werten. Bischöfe, Priester und Menschen wie der Prediger Peter Hahne feiern die Wiederauferstehung sogenannter christlicher Werte, worauf ich später noch eingehen werde.

Trick 3: Das Verschleiern durch Werte

Verschleiern: *»Es ist doch erstaunlich, dass wir so tun, als ob der Mensch überhaupt keine Pflichten hätte... Treue würde ich auch für sehr wichtig halten...«*
Arnulf Baring[2]

Der dritte Trick im Gebrauch der Werte ist ein Verschleierungstrick. Seine Anwendung empfiehlt sich immer dann, wenn man eine problematische Situation so darstellen möchte, als wäre sie durch falsche oder fehlende Werte verursacht.

Gelingt diese Verschleierung der Zusammenhänge einer Situation, ist das Problem nicht auf unerwartete Entwicklungen und eine Veränderung der Lage zurückzuführen, sondern auf die falschen Werte. Der scheinbar logische nächste Schritt besteht dann darin, andere Werte anzubieten, um auf diesem Weg möglichst unbemerkt eigene Vorteile durchzusetzen.

Als Beispiel für ein solches Verschleiern kann die Situation auf dem deutschen Arbeitsmarkt herangezogen werden, dessen Lage sich in den letzten Jahren stark verändert hat. Durch die Öffnung der Weltmärkte und den Aufstieg der Schwellenländer zu Industrienationen stehen deutsche Arbeitnehmer heute in direkter Konkurrenz zu Beschäftigten beispielsweise in China oder Indien. In diesen Ländern wird zu herben frühkapitalistischen Bedingungen produziert, die hierzulande vor mehr als hundert Jahren galten.

Die meisten Arbeiter in Südostasien arbeiten zehn bis zwölf Stunden täglich, sechs Tage in der Woche, ohne Arbeitsschutz und Urlaubsanspruch für ein »Gehalt« von 60 bis 100 Euro pro Monat. Weltweit gibt es nicht zufällig die meisten Toten aufgrund von Arbeitsunfällen in China und Indien. Keine Gewerkschaften, keine Berufgenossenschaften – das sind wahrlich paradiesische Verhältnisse für Unternehmer. Kein Wunder, dass die einfache und zunehmend auch die anspruchsvolle Industrieproduktion in solche Länder verlegt wird.

Für deutsche Arbeitnehmer hat sich die Lage damit dramatisch verschlechtert, die Arbeitslosigkeit nimmt zu, und wer Arbeit hat, ist von dauernder Entlassungsangst bedroht und damit erpressbar. An diesem Punkt greifen gesellschaftliche Interessengruppen zum Verschleierungstrick. Sie behaupten, »wir Deutschen« wären zu faul und zu träge geworden, es würde zu lange krankgefeiert, die Lohnnebenkosten wären zu hoch, der Urlaub zu lang, überhaupt wären unsere Ansprüche zu extrem. Die hohe Produktivität der hiesigen Arbeit wird in diesem Zusammenhang unter den Tisch gekehrt.

Mit solchem Gerede spielen die Wertepropheten auf angeblich falsche Werte wie »Selbstverwirklichung«, »Spaß« oder die sogenannte »Freizeitgesellschaft« an. Nachdem diese angeblich unser Verhalten bestimmenden Werte ausreichend diffamiert sind, werden sogleich neue Werte aufgeblasen, christliche Werte oder »alte« Werte wie Respekt, Bescheidenheit und Demut, auf die ich später noch ausführlich eingehen werde. Welche Maßnahmen daraufhin empfohlen werden, liegt auf der Hand.

Bescheidenheit und Demut wird den Arbeitnehmern ans
Herz gelegt – und hier zeigen sich Interessen –, bei Mana-
gern und Politikern ist von den propagierten Werten nichts
zu bemerken. Diese brauchen im Gegenteil noch viel mehr
Geld, damit sie ordentlich *motiviert* sind.

Verschleierungstricks können trotz solcher Widersprüche
funktionieren, wie ein Blick auf Löhne und Unternehmens-
gewinne zeigt. Wir erleben einen Rückgang der Reallöhne
auf der einen und ein Emporschnellen der Unternehmensge-
winne auf der anderen Seite. Arbeitnehmer verzichten auf
Lohnzuwächse und arbeiten ohne Lohnausgleich vier oder
sechs Wochenstunden länger. Arbeitsplätze gehen trotz dieser Bescheidenheit und des neuen Fleißes – es gab noch nie
so wenig Krankschreibungen wie gegenwärtig – dennoch
weiter verloren.

Trotzdem brandet kaum nennenswerter Protest auf. Natürlich lässt sich selbst durch drastische Lohnkürzungen kein
einziger Arbeitsplatz zurückholen – es sei denn, man senkt
die Löhne hier auf das chinesische Niveau von 50 Cent pro
Stunde –, aber der Verschleierungstrick liefert, den Werten
sei Dank, dennoch die nötige Begründung für Lohnkürzungen
und die Verlagerung von Nebenkosten auf die Arbeitnehmer.

Auch im privaten Bereich funktionieren Verschleierungen.
So wird beispielsweise so getan, als wären die hohen Schei-
dungs- und Trennungszahlen auf eine falsche Wertorientie-
rung zurückzuführen, beispielsweise auf die Orientierung an
»sexueller Freiheit«. Demzufolge wird der Wert der Treue aufgeblasen, und es wird versprochen, dass Beziehungen länger
halten, wenn die Partner einander nur treu sind.

Das glatte Gegenteil ist der Fall. Gerade weil die jungen
Paare sich wieder mehr an Treue orientieren, halten ihre Beziehungen nur noch wenige Jahre. Für sie steht hinter der

Treue nämlich nicht wie anno dazumal der Wunsch, zu verzichten und eine milde Form der Selbstopferung zu üben, sondern ein starkes Liebesempfinden für den Partner. Wenn dieses intensive Gefühl nachlässt, wechseln sie den Partner – und bleiben damit ihrem Anspruch auf eine intensive Liebe treu.

So lässt sich jede Situation so darstellen, als wäre sie durch bestimmte »falsche« Werte verursacht.

Trick 4: Das Zitieren der Werte

Wertzitat: *Das geschickte Unterschieben von Wertvorstellungen.*

Jemand, der Werte bestimmungsgemäß – und das heißt: zum verborgenen Zweck der Manipulation – gebrauchen will, muss es vermeiden, sie in das Zentrum der Kommunikation zu schieben.

Warum? Weil, wie der Soziologe Dirk Baecker erläutert, die Beobachtung zeigt, dass es leichter ist, für einen stillschweigend unterstellten Wert Zustimmung zu erhalten als für einen ausgesprochenen. Der ausgesprochene Wert provoziert weit eher Widerspruch. Ein Meister im Gebrauch von Werten benennt diese deshalb nicht deutlich, sondern nimmt unausgesprochen Bezug darauf.

Der Fachbegriff für dieses dezente Vorgehen lautet *Zitieren.* Wie werden Werte zitiert? Indem man sie in harmlosen Aussagen versteckt.

– Man sagt beispielsweise: »Den armen Menschen muss geholfen werden.« Und nicht: »Wir brauchen mehr Gerechtigkeit.«

– Man sagt beispielsweise: »Wir sind es uns doch
  schuldig, hier etwas zu tun.« Und nicht: »Hier ist
  Solidarität gefordert.«
– Man sagt beispielsweise: »Es wäre doch erstrebenswert,
  alle wichtigen Informationen zu erhalten.« Und nicht:
  »Wir brauchen mehr Ehrlichkeit.«
– Man sagt beispielsweise: »Partner sollten keine
  Geheimnisse haben.« Und nicht: »Hier ist Offenheit
  gefordert.«

Ein Wertezitat ist demnach eine Anspielung auf einen Wert.
Warum aber wirkt das indirekte Vorgehen effektiver als die
offene Aussprache?

Benennt man einen Wert direkt, fordert man beispielsweise Gerechtigkeit, lädt man andere geradezu ein, ihrerseits
Werte hervorzuholen und den genannten entgegenzuhalten.
Gerechtigkeit ja, heißt es dann – aber die Freiheit darf nicht
eingeschränkt werden. Fordert man mehr Arbeitsamkeit, heißt
es: Fleiß ja – aber nicht auf Kosten der Gesundheit. Fordert
man mehr Unterstützung, heißt es: auf jeden Fall – aber nicht
auf Kosten der Eigenverantwortung. So landet man schnell
in einer jener wunderbar nichtssagenden Abwägungsdiskus-
sionen, in der beispielsweise Freiheit gegenüber Solidarität,
Respekt gegenüber Selbstverwirklichung, Treue gegenüber
Lebendigkeit und alles gegenüber jedem ohne jede Aussicht
auf Klarheit abgewogen wird.

Mit anderen Worten: Werte direkt anzusprechen fordert
zum Streit über sie auf. Das ist eine weitere Möglichkeit,
Werte trickreich zu gebrauchen, auf die ich noch eingehen
werde. Überall dort aber, wo Zustimmung erreicht werden
soll, stellt das Zitat eines Wertes die bessere Möglichkeit des
Umgangs dar. Man lässt die Katze im Sack und legt den Wert

nicht auf den Tisch, sondern versucht, ihn dem anderen unbemerkt in die Schuhe zu schieben.

Darüber hinaus stellt man sich selbst durch das indirekte
Zitat als an Werte gebunden dar – sozusagen als ein Gut-
mensch von Natur aus, als Teil der Achse der Guten – und
kann andere in der Folge mit größerer Wahrscheinlichkeit an
diesen nicht explizit benannten Wert binden. Beispielsweise
in der folgenden Art:

- »Wenn junge Menschen ohne moralischen und recht-
  lichen Rahmen ein Kind bekommen, ist das sicher-
  lich nicht besonders gut.« (Hier wird auf den Wert der
  sexuellen Enthaltsamkeit vor der Ehe angespielt.)
- »Wer fremdgeht, sollte sich klarmachen, dass er die
  Liebe zerstört.« (Hier wird der Wert der sexuellen
  Treue zitiert.)
- »Es ist nicht gut, wenn jeder nur an seinen eigenen
  Vorteil denkt und durch Schwarzarbeit Steuern hinter-
  zieht.« (Hier wird auf den Wert des Gemeinwohls
  Bezug genommen.)

Hinter jedem zitierten Wert stecken selbstverständlich massive materielle oder immaterielle Interessen und keinesfalls
allgemeine Wahrheiten. Denn selbstverständlich garantiert
auch der moralische und rechtliche Rahmen der Ehe kein
größeres Glück, als es den Kindern unverheirateter Paare
vergönnt ist – das haben soziologische Untersuchungen längst
erwiesen. Und natürlich kann das sexuelle Treuegebot ebenso
zum Ende einer Beziehung führen wie das Fremdgehen, was
die Trennungsstatistiken hinreichend belegen. Und ebenso
gibt es vor allem für Reiche wesentlich mehr legale Möglichkeiten der Steuerhinterziehung, als sich für Arme illegale

Schlupflöcher zur Steuerersparnis auftun. Aber all das ist
nicht wichtig.

Wichtig ist allein, dass der jeweilige Wert unausgesprochen aufgerufen wird und es dadurch schwerer ist, ihn mit
einem anderen Wert zu parieren. Deshalb ist man leichter
versucht zuzustimmen. So ist der Kommunikationspartner
meist schon mit einem Fuß auf den Werteleim gegangen und
die Werteprediger können mit dem nächsten Trick dafür sorgen, dass er den anderen Fuß nachzieht – indem sie ihm die
Unschuld stehlen.

Trick 5: Dem Wertgläubigen die Unschuld stehlen

Unschuld: *Der naive Glaube, ein Wert geböte eine ganz
bestimmte Handlung.*

Ist ein Wert zitiert – also unausgesprochen angesprochen –
und wird nicht mit einem anderen Wert dagegengehalten,
kann man davon ausgehen, eine gewisse Akzeptanz für den
vermeintlich hehren Standpunkt gewonnen zu haben.

Interessanterweise ist zu diesem Augenblick die eigene
Position gar nicht deutlich geworden, und das soll sie auch
nicht. Die Akzeptanz muss im Gegenteil erworben werden,
bevor die hinter dem Wertezitat liegende Interessenlage und
Handlungsabsicht deutlich werden kann.

Die insgeheime Wertebeschwörung soll dem Werteprediger einen
Kredit, einen Vertrauensvorsprung verschaffen.

Der Werteprediger singt das Hohe Lied eines Wertes, und der
Wertegläubige soll sich am scheinbaren Wert des zitierten

Wertes berauschen. Die im Grunde inhaltsleere Wertebeschwörung soll ihm Sinn und scheinbar feste Identität vermitteln, beispielsweise in der folgenden Art: »Es ist eine grundsätzliche Frage des Umgangs, und ich glaube, da liegt in unserer Gesellschaft vieles im Argen. Lehrer müssen sich schlagen lassen, Kinder greifen straffrei in Ladenkassen, Ausländer halten es nicht für nötig, unsere Sprache zu lernen. Wir haben es versäumt, auf den respektvollen Umgang miteinander zu achten.«

Aufmerksames Zuhören, bedächtiges Kopfnicken – man soll in gedämpfte oder offene Euphorie verfallen und dem hier zitierten Wert des Respekts zustimmen: »Jawohl, der Mensch hat Recht, es muss sich etwas im Umgang miteinander ändern, wir brauchen mehr Respekt« –, und schon ist man auf dem besten Weg, die Unschuld zu verlieren. Denn jetzt ist man reif, und der richtige Zeitpunkt für den fünften Wertetrick ist gekommen:

»Und deshalb müssen wir die Strafgesetze verschärfen!!!«

Kurzes Innehalten, heftiges Kopfnicken, begeisterte Zustimmung: Ja, so soll es sein! Uns wird wohl tatsächlich nichts anderes übrig bleiben, um den *Respekt* in der Gesellschaft wieder herzustellen: Wir müssen die Gesetze strenger fassen – und dann ist es passiert. Die Unschuld ist zum Teufel. Man ist hereingefallen.

Der Werteprediger ist unmerklich vom Hohen Lied des Wertes zur vermeintlich zwingenden Handlungskonsequenz übergegangen und hat den Wertegläubigen damit geschickt übertölpelt.

Es gibt weltweit keinerlei überzeugenden Beleg, dass schlichte Verschärfung von Strafgesetzen den Respekt fördert. Nicht einmal die Todesstrafe ist dazu in der Lage, sie hat sogar gegenteilige Effekte. Aber das macht dem Wertepre-

diger nichts, denn es ist ihm gelungen, die von ihm erstrebte
Handlung als notwendig aus dem Wert resultierend darzustellen. Es ist ihm gelungen, den Eindruck zu erwecken, es
gäbe nur diese und keine andere Möglichkeit, die Werte –
das Gemeinsame, Höhere, Erstrebenswerte, *unsere Kultur!!!* –
zu retten.

Wer diesen Wertetrick anwendet, bei dem heißt es beispielsweise: »Wir sind es unserer Liebe schuldig, einander treu zu
sein« oder: »Die katastrophale Bildungslage der Hauptschü-
ler erfordert zusätzliche Lernangebote« oder: »Die Gesundheitsversorgung der breiten Bevölkerung lässt sich nur über
einen höheren Kassenbeitrag gewährleisten«.

Das eine, der Wert, scheint nun logisch und untrennbar
mit dem anderen, der Handlung, verknüpft. Natürlich kann
man darüber streiten, was Liebe mit Treue zu tun hat, ob
Lernangebote die Lernmotivation fördern und ob mehr Ausgaben auch mehr Gesundheit bringen, aber der Werteprediger will diesen Streit ja gar nicht erst aufkommen lassen.
Deshalb vollzieht er plötzlich und unvorbereitet den Schritt
vom Wert zur Handlungskonsequenz und hofft – wie man
beobachten kann, oft sehr erfolgreich – darauf, dass die im
Wert beschworene Gemeinsamkeit genügend Schwung her-
vorbringt, um den Wertgläubigen mitzureißen und zur ge-
wollten Handlung zu bewegen.

Besonders eindrucksvoll gelingt diese Art der Täuschung
den Profis unter den Wertepredigern, den Politikern, Wirt-
schaftsbossen und natürlich den Priestern, die sich vehement
auf sogenannte »christliche Werte« berufen. Wer sich auf etwas derart Undefinierbares festlegen lässt und sich fortan als
jemand begreift, der selbst christliche Werte vertritt, dessen
Identität und Handlungen sind damit zumindest partiell festgelegt. Er wird sich bestimmten Handlungsvorschlägen christ-

licher Bannerträger nicht verweigern, weil seine Anpassung ihm eine Identitätsfestigung verspricht.

Dann glaubt er tatsächlich: »Weil das von Gott gegebene Leben unser höchster Wert ist, dürfen wir der Abtreibung nicht zustimmen« oder: »Weil wir gläubige Menschen sind, müssen wir regelmäßig zur Kirche gehen«. Der wahre Sinn der Kommunikation auch kirchlicher Werteprediger liegt einzig darin, eigene Gottesvorstellungen unters Volk zu bringen und die eigene Identität durch das Schaffen von Gefolgschaft zu festigen.

Bei der Beschwörung von Werten und ihrer anschließenden Verknüpfung mit scheinbar zwingenden Handlungskonsequenzen steht immer die Durchsetzung konkreter Interessen im Hintergrund, und das meint: die Bedürfnisse der Wertverfechter. Es geht um Identität, Macht, Geld und Einfluss.

Deshalb gilt uneingeschränkt: Augen auf beim Wertekauf!

Trick 6: Sich hinter Werten verschanzen

Verschanzen: *Dem Wert die Schuld und Verantwortung für eine Situation zuschieben.*

Es dürfte nach allem bisher Gesagten recht offenkundig sein, dass Werte keinesfalls notwendig bestimmte Handlungen nach sich ziehen oder solche erzwingen. Was beispielsweise gerecht ist oder solidarisch, mitfühlend oder ehrlich, darüber kann man sich endlos streiten. Umgekehrt wird aber durchaus ein Schuh daraus, der auf alle Füße passt:

Handlungen lassen sich unabhängig von ihrer Beschaffenheit und ihren Auswirkungen problemlos als wertabhängig verkaufen.

Warum wird die Sozialhilfe gekürzt, während Subventionen für Reiche erhalten bleiben? Keinesfalls, um die Steuereinnahmen umzuverteilen, Gott behüte – sondern um Menschen dabei zu helfen, *Eigeninitiative* zu entwickeln, und um den Reichen *Motivation* für Investitionen zu verschaffen!

Warum bekommen selbst Millionäre Kindergeld? Weil das Geld den Kindern zusteht und nicht den Eltern (hört!) und es *ungerecht* wäre, die Kinder Reicher zu benachteiligen.

Solche abenteuerlichen Rechtfertigungen sind nicht einmal Fiktion, sie sind der öffentlichen Wertediskussion in der Presse entnommen. Es ist tatsächlich einfach und gang und gäbe, jede noch so verheerende Handlung als aus hehren Werten bezogen darzustellen und auf diese Weise zu rechtfertigen. Ob Folter oder Krieg, Todesstrafe oder Abtreibung, Treue oder Treuebruch dem Ehepartner gegenüber – ein passender Wert zur Selbstreinigung findet sich immer.

Werte bieten demnach hervorragende Gelegenheiten, sich hinter ihnen zu verschanzen. Darin besteht der sechste große Trick im Gebrauch der Werte. Wir alle kennen gut klingende Reden, die allein diesem Zweck des Verschanzens dienen:

- Um die *Freiheit* zu verteidigen, bleibt uns nichts anderes übrig, als Präventivkriege zu führen – die Achse des Bösen zu bekämpfen – die Atombombe zu entwickeln – weitere Geheimdienstabteilungen einzurichten – von jedem Bürger Fingerabdrücke zu nehmen – die bürgerlichen Freiheiten einzuschränken...
- Um der *Gerechtigkeit* willen werden wir gezwungen

sein, Menschen auf den elektrischen Stuhl zu schnallen – die Gesetze zu verschärfen …
- Wenn wir unsere *Kultur* bewahren wollen, müssen wir
  Ausländern unsere Leitwerte vermitteln – die Auswei-
  sungsgesetze verschärfen …
- Um den Standort Deutschland attraktiver zu gestalten
  und damit *Sicherheit* zu schaffen, bleibt uns nichts
  anderes übrig, als die Unternehmenssteuern zu
  senken – den Urlaubsanspruch von Arbeitnehmern
  zu kürzen – den Kündigungsschutz zu lockern …

Dass, um ein konkretes Problem zu lösen, zahlreiche andere
Handlungsalternativen ergriffen werden könnten, soll in der
Wertbeschwörung untergehen. Man hält den Wert hoch und
versteckt sich dahinter.

Deshalb eignen sich wertebeschwörende Reden auch hervorragend dazu, eindeutig missratene Maßnahmen *nachträg-
lich* zu rechtfertigen. Wie groß der Fehler auch war, der be-
gangen wurde, der Verantwortliche kann sich unter Berufung
auf einen Wert als das reinste Unschuldslamm darstellen:

- Unter den damaligen Umständen kam es in erster
  Linie darauf an, die *Einheit der Nation* zu festigen.
  (Damit lassen sich Hunderte Milliarden Euro sinnlos
  in den märkischen, sächsischen und brandenbur-
  gischen Sand gesetzte Subventionen und eine gigan-
  tische Vereinigungskriminalität verharmlosen.)
- Die Einführung der Hartz-IV-Gesetze war ein Gebot
  der *sozialen Gerechtigkeit*. (Diese extreme Dummheit
  kostet mittlerweile mehr als 24 Milliarden Euro extra
  pro Jahr.)
- Es ging darum, die Finanzlage der Stadt zu *stabilisie-*

ren (indem die faulen Kredite der Wohnungsbau-
gesellschaften Berlins übernommen wurden, womit
die Allgemeinheit für die Spekulationsgewinne
einiger Parteibonzen und Immobilienhaie aufkommen
muss).

Ist irgendeine Handlung vorstellbar, die sich nicht rechtfertigen lässt, indem man sich hinter einem Wert verschanzt?
Mir ist noch keine untergekommen.

Indem der Werteprediger den Wert wie einen Schild vor
sich hält, erweist er sich als professioneller und perfekter
Heuchler: Hier stehe ich und konnte nicht anders – ich war
durch den Wert gebunden. Mein Gewissen ließ mir keine
andere Wahl, ich musste der Sache dienen und meine persönlichen Bedenken – die ich ja durchaus hatte – sogar hint-
anstellen! Es musste sein!

Und welcher Sache musste gedient werden? Dem Wert,
der angeblich ein gemeinsames und deshalb ein »höheres«
Anliegen darstellt!

Sich hinter Werten zu verschanzen erweist sich somit als
eine überaus elegante Möglichkeit, sich der persönlichen
Verantwortung für sein Handeln zu entziehen. Der Soziologie ist das nicht entgangen:

*So kann der Wert, auf den ich mich berufe, paradoxerweise
von meiner Verantwortung für mein Handeln oder meine
Entscheidung ablenken. Denn wenn ich mich auf einen Wert
berufe, entscheide nicht ich, sondern der Wert.*[3]

Der Werteprediger handelt sozusagen im höheren Auftrag.
Nicht etwa sein politischer Standpunkt, nicht sein wirtschaft-
liches Interesse, nicht seine persönliche Einstellung haben

entschieden: Der Wert wollte es so! Wer bin ich kleiner, nichtiger Mensch demgegenüber und was bleibt mir anderes übrig, als mich dem hohen Wert des Wertes zu beugen?

Trick 7: Werte als Waffen benutzen

Waffe: *Wer angeblich keine Werte hat oder wer angeblich die falschen Werte vertritt, den darf man notfalls zerstören.*

Beim Trick 4, dem Zitieren der Werte, habe ich darauf hingewiesen, dass ein direktes Aussprechen von Werten den Kommunikationspartner provoziert, einen anderen Wert aus dem Ärmel zu ziehen und diesen dem offenbarten Wert entgegenzuhalten. Auf diese Weise lässt sich mit Werten wunderbar streiten.

MIT WERTEN STREIT SCHÜREN

Jeder, der ab und zu Talkshows im Fernsehen ansieht, kennt diesen Trick aus eigener Anschauung. Da schlagen sich die Werteprediger der verschiedenen Lager gegenseitig Werte um die Ohren, dass es nur so kracht. Schlagworte werden mit Schlagworten pariert, ein Wert mit dem Hinweis auf einen anderen abgeschmettert. Das zu tun stellt aufgrund der Widersprüchlichkeit der Werte und der daraus resultierenden Tatsache, dass im praktischen Leben kein Wert einem anderen grundsätzlich vorgezogen werden kann, kein großes Problem dar. Es lässt sich immer irgendetwas entgegenhalten.

Wer Werte auf diese Weise benutzt, ist allerdings entgegen dem Anschein, den er sich geben mag, nicht auf einen Konsens aus, vielmehr sucht er den Streit. Er ist daran interessiert, Recht zu haben, und der Eindruck, er wäre im Recht, soll mithilfe des Wertestreits erweckt werden.

Eine öffentliche Talkshow (oder eine Diskussion im Privaten) bietet für einen solchen Wertestreit den passenden Rahmen, weil es dort nicht um Entscheidungen geht, sondern um persönliche Darstellung und vor allem darum, den Eindruck von Gegnerschaft hervorzurufen. Gegnerschaft ist schließlich sehr identitätsstiftend und wird daher gern gesucht. Als Zuschauer spürt man dies und ist von diesen ergebnislosen Redeschlachten mit geringem Unterhaltungswert entsprechend gelangweilt, es sei denn, man muss gerade seine Identität festigen.

Insofern kann man die meisten politischen Streitereien, die in der Öffentlichkeit ausgetragen werden, ohne Übertreibung als Werte-Kasperletheater bezeichnen. Sie dienen der Stilisierung von Gegnerschaft und sollen die Anhänger mit der nötigen Identität versorgen, mit der sie sich vom anderen Lager abgrenzen können. Hinter der öffentlichen Kulisse wird dann nicht um Werte gestritten, sondern es wird auf der Grundlage der jeweiligen Interessen gekungelt und geschachert.

Im privaten Bereich verhält es sich genauso, auch dort erhofft man sich Vorteile davon, sich gegenseitig mit Werten zu bekämpfen, um für seinen Wert Recht zu erhalten und so eigene Interessen durchzusetzen.

Private wie öffentliche Werteschlachten, ob im Bundestag oder im TV, zeigen: Mit Werten lässt sich trefflich streiten. Mit Werten kann man sich einfach ins Recht setzen. Man kann aber noch weiter gehen: Man kann Werte darüber hinaus als Waffen benutzen.

WIE WERTE ZU WAFFEN WERDEN

Um das zu erläutern, möchte ich nochmals an den Bedarf erinnern, dem Werte in der Gesellschaft nachkommen. Sie dienen als Gemeinsamkeitsunterstellung und werden in der Absicht verwendet, das Verhalten oder die Identität anderer festzulegen, und zwar so, dass die eigenen Interessen in gemeinsamen Entscheidungen möglichst weitgehend durchgesetzt werden.

Wenn man das Manipulationsinstrument der Werte jedoch umdreht und anderen Menschen Werte nicht unterstellt, sondern sie ihnen *im Gegenteil abspricht*, wird eine Waffe daraus. Diese Waffe lässt sich dann bestens *gegen* die unerwünschte Möglichkeit verwenden, einander Gemeinsamkeiten unterstellen zu müssen und dadurch gemeinsame Entscheidungen zu ermöglichen.

Mit jemandem, dem man grundlegende Werte abspricht, hat man scheinbar nichts gemeinsam, und mit dem braucht man sich auch nicht zu einigen.

Jemandem Werte und somit jede grundlegende Gemeinsamkeit abzusprechen, dafür besteht in dieser Welt vielfältiger Bedarf:

Wenn man jemanden angreifen möchte, bei dem man nicht genau weiß, ob man ihn angreifen darf, dann sorgt man dafür, dass man gute Gründe hat, indem man ihn beispielsweise an den Pranger stellt ... und kann dann ruhigen Gewissens in den Krieg ziehen.[4]

Zeuge der Kunst, anderen Werte abzusprechen und sie damit
außerhalb einer vorstellbaren Gemeinsamkeit zu platzieren,
werden wir in den gegenwärtigen Konflikten der sogenannten freien mit der islamischen Welt.

In diesen Konflikten werden zahllose symmetrische Pro-
jektionen ausgetauscht. Das bedeutet, dass jede Seite der anderen Seite menschliche Werte abspricht und sie als »das
Böse« schlechthin stigmatisiert. Auf diese Weise hat man es
nicht mit Menschen, sondern mit Ungläubigen, Fanatikern,
Terroristen, Imperialisten oder Zionisten zu tun, also gewissermaßen mit Unmenschen. Man selbst aber kann sich auf
höchste Werte berufen: Schließlich hat man seinen Auftrag
direkt von Gott bezogen. Natürlich behauptet das die andere
Seite auch, aber selbstverständlich kann diese nicht im Recht
sein, denn es gibt nur einen Gott, und der kämpft auf »unserer« Seite.

ABSOLUTE WERTE HELFEN, KRIEGE ZU FÜHREN

Sollen Werte als Waffen gebraucht werden und der Rechtfertigung repressiver Maßnahmen bis hin zum Krieg dienen,
muss man sie zu absoluten Werten erklären, etwa zu christlichen Werten, die von Gott höchstselbst gegeben wurden,
oder zu universalen Freiheitswerten, die angeblich unantastbar sind. Natürlich gilt der gleiche Mechanismus auch
für die andere Seite, auch von dort aus werden absolute
Werte, beispielsweise festgehalten im Koran, in Anspruch genommen.

Die Berufung auf absolute Werte zeigt, dass keine Einigung gesucht wird, sondern ein offener Machtkampf beab-
sichtigt ist. Man weiß genau, was man sagen muss, um un-
überbrückbare Gräben aufzureißen.

Absolute Werte ... sind Werte mit reflektierter Gegnerschaft. Da die Anhänger dieser Werte schon wissen, wer ihre Gegner sein werden, sehen sie keinen Anlass zur Nachgiebigkeit. Für sie gibt es nur Siege und Niederlagen, zumal sie sicher sein können, dass der Wert, den sie vertreten, als Wert nicht bestritten werden kann.[5]

Über als absolut ausgewiesene Werte lässt sich sehr effektiv eine Gegnerschaft produzieren und aufrechterhalten. Weil man im Besitz des allein Wahren ist, darf man für die Werte und Interessen der anderen blind sein und kann eigene Bedürfnisse (im Namen der Werte) mit Gewalt und ohne jede Rücksicht auf Verstand und Gefühl vertreten.

Ein historisches Beispiel hierfür geben die Ereignisse, zu denen es an einem Weihnachtsfest während des Ersten Weltkrieges kam. Damals ließen deutsche und französische Soldaten ihre Kampfhandlungen für die Festtage ruhen, sangen gemeinsam Weihnachtslieder und beschenkten sich gegenseitig – um sich gleich nach den Festtagen gegenseitig weiter zu morden. Schließlich ging es um absolute Werte, die unter keinen Umständen preisgegeben werden durften: Es ging um die (jeweilige) *Nation*!

Wer über derart hohe Werte zu verfügen glaubt, der hat sich eine Rechtfertigung geschaffen, sie mit allen Mitteln zu verteidigen. Er muss die Situation dann lediglich so darstellen, als wären diese »unverzichtbaren« Werte gefährdet, und kann dann jedwede Handlung damit begründen, während er dem Gegner gleichrangige Werte und damit ähnliche Handlungsrechte abspricht.

Die friedliche westliche Gesellschaft

Bei den Anschlägen am 11. September 2001 auf das World
Trade Center in New York kamen 2.754 Menschen um.

Nach den Angaben des Kinderhilfswerks UNICEF und der
Weltgesundheitsorganisation WHO sind im Irak bis zum
Jahr 2000 mehr als eine Million Menschen an den unmittel-
baren Folgen des zehnjährigen Embargos, wie Ernährungs-
mängeln und unzureichenden medizinischen Behandlungs-
möglichkeiten, gestorben.[6] Seither hält das Sterben an.

2.754 2.754 2.754 2.754 2.754 2.754 2.754 2.754 2.754 2.754
2.754 2.754 2.754 2.754 2.754 2.754 2.754 2.754 2.754 2.754
2.754 2.754 2.754 2.754 2.754 2.754 2.754 2.754 2.754 2.754
2.754 2.754 2.754 2.754 2.754 2.754 2.754 2.754 2.754 2.754
2.754 2.754 2.754 2.754 2.754 2.754 2.754 2.754 2.754 2.754
2.754 2.754 2.754 2.754 2.754 2.754 2.754 2.754 2.754 2.754
2.754 2.754 2.754 2.754 2.754 2.754 2.754 2.754 2.754 2.754
2.754 2.754 2.754 2.754 2.754 2.754 2.754 2.754 2.754 2.754
2.754 2.754 2.754 2.754 2.754 2.754 2.754 2.754 2.754 2.754
2.754 2.754 2.754 2.754 2.754 2.754 2.754 2.754 2.754 2.754
2.754 2.754 2.754 2.754 2.754 2.754 2.754 2.754 2.754 2.754
2.754 2.754 2.754 2.754 2.754 2.754 2.754 2.754 2.754 2.754
2.754 2.754 2.754 2.754 2.754 2.754 2.754 2.754 2.754 2.754
2.754 2.754 2.754 2.754 2.754 2.754 2.754 2.754 2.754 2.754
2.754 2.754 2.754 2.754 2.754 2.754 2.754 2.754 2.754 2.754
2.754 2.754 2.754 2.754 2.754 2.754 2.754 2.754 2.754 2.754
2.754 2.754 2.754 2.754 2.754 2.754 2.754 2.754 2.754 2.754
2.754 2.754 2.754 2.754 2.754 2.754 2.754 2.754 2.754 2.754
2.754 2.754 2.754 2.754 2.754 2.754 2.754 2.754 2.754 2.754
2.754 2.754 2.754 2.754 2.754 2.754 2.754 2.754 2.754 2.754

2.754 2.754 2.754 2.754 2.754 2.754 2.754 2.754 2.754 2.754
2.754 2.754 2.754 2.754 2.754 2.754 2.754 2.754 2.754 2.754
2.754 2.754 2.754 2.754 2.754 2.754 2.754 2.754 2.754 2.754
2.754 2.754 2.754 2.754 2.754 2.754 2.754 2.754 2.754 2.754
2.754 2.754 2.754 2.754 2.754 2.754 2.754 2.754 2.754 2.754
2.754 2.754 2.754 2.754 2.754 2.754 2.754 2.754 2.754 2.754
2.754 2.754 2.754 2.754 2.754 2.754 2.754 2.754 2.754 2.754
2.754 2.754 2.754 2.754 2.754 2.754 2.754 2.754 2.754 2.754
2.754 2.754 2.754 2.754 2.754 2.754 2.754 2.754 2.754 2.754
2.754 2.754 2.754 2.754 2.754 2.754 2.754 2.754 2.754 2.754
2.754 2.754 2.754 2.754 2.754 2.754 2.754 2.754 2.754 2.754
2.754 2.754 2.754 2.754 2.754 2.754 2.754 2.754 2.754 2.754
2.754 2.754 2.754 2.754 2.754 2.754 2.754 2.754 2.754 2.754
2.754 2.754 2.754 2.754 2.754 2.754 2.754 2.754 2.754 2.754
2.754 2.754 2.754 2.754 2.754 2.754 2.754 2.754 2.754 2.754
2.754 2.754 2.754 2.754 2.754 2.754 2.754 2.754 2.754 2.754

Die USA scheinen unter den westlichen Ländern gegenwärtig das Land mit der ausgeprägtesten Kampfbereitschaft zu sein. Anfang Mai 2006 zeigte George W. Bush anlässlich eines Besuches Verständnis dafür, dass die Deutschen sich weigerten, der »Allianz der Willigen« beizutreten und Krieg gegen den Irak zu führen. Bush meinte, er habe erkannt, dass »die Deutschen keinen Krieg *mögen*«. Er hat uns demnach verziehen, indem er uns eine »Schwäche« zuschrieb. Vielleicht, Herr Präsident, lassen Deutsche sich nicht so naiv auf höhere Werte festlegen, wie Amerikaner das tun, weil der Letzte, der sich hierzulande auf höhere Werte berief, einen Weltkrieg entfachte. Und wahrscheinlich mögen viele Amerikaner den Krieg, weil sie ihn im eigenen Lande noch nicht kennengelernt haben.

Wie auch immer, an »absoluten« und »unveräußerlichen« Werten, mit der sie ihre Kriege rechtfertigen können, mangelt es den USA jedenfalls nicht. Dort unterschrieben 58 führende amerikanische Intellektuelle im März 2002, nur wenige Monate nach den Anschlägen auf die Twin Towers, einen offenen Brief an die »Freunde in Europa«. In diesem Schreiben postulieren sie unter anderem folgende »universale Grundrechte«:

Alle Menschen sind frei geboren und haben die gleiche Würde und die gleichen Grundrechte... Das Töten im Namen Gottes steht im Gegensatz zum Glauben an Gott und bedeutet den schwerwiegendsten Betrug an der Universalität religiösen Glaubens.[7]

Wenn man so etwas schreibt, wie kann man dann einen sogenannten »Krieg gegen den Terror« rechtfertigen?

Der Kampf gegen das Böse

Unsere Feinde denken ständig darüber nach, wie sie unseren Bürgern schaden können – und das tun wir auch.
George W. Bush, Präsident der USA

Ganz einfach: Indem man sich auf Werte beruft, die unter den gegebenen Umständen noch höher angesiedelt zu sein scheinen:

Wenn jemand unzweifelhafte Beweise hat, dass Unschuldigen, die sich nicht selbst schützen können, schweres Leid droht, sofern der Aggressor nicht mit zwingenden Gewaltmaßnahmen

gestoppt wird, dann verlangt der moralische Grundsatz der
Nächstenliebe, die Gewalt einzusetzen.[8]

Die Intellektuellen sprechen verharmlosend davon, Gewalt anzuwenden – gemeint ist aber eine Verteidigung durch Angriff, also ein Angriffskrieg mit grausamen Waffen.

Folgt man den Ausführungen dieser intellektuellen Elite, dann kann man *Krieg aus Gründen der Nächstenliebe führen.* Damit bringen die Intellektuellen einen hohen christlichen Wert ins Spiel, der auf keinen Fall aufgegeben werden darf: Diese Nächstenliebe verpflichtet geradezu dazu, zu den Waffen zu greifen und den Armen und Unterdrückten beizustehen. Ein Lob an Amerika. Ein Kunststück der Werteakrobatik.

Um so etwas zu glauben, muss man allerdings unter intellektuellem Alzheimer leiden und einiges ganz Offensichtliches ignorieren. Beispielsweise, dass in der Welt Unschuldigen ständig Leid zugefügt wird, ohne dass Amerikaner zu den Waffen greifen und ihnen beistehen. Erst recht darf man nicht sehen, wo Unschuldigen überall Leid *durch die USA* geschieht. Und man muss die Folter von Gefangenen durch US-Soldaten im Gefängnis Abu-Ghuraib und in Guantánamo vergessen.

Für diese Menschen gilt das Gebot der Nächstenliebe offenbar nicht, was logisch ist, weil es sich nicht um Menschen, die »frei geboren sind und die gleiche Würde und die gleichen Grundrechte haben«, handelt, sondern um »Kombattanten«, also gewissermaßen um Nichtmenschen. Man muss auch die unschuldig gesteinigten und auf vielfältige andere Weise unterdrückten Frauen in den von den USA gestützten arabischen Emiraten und Saudi-Arabien vergessen, die ebenfalls auf die zitierten Grundrechte und die Segnungen der Nächstenliebe und des Beistandes zu verzichten haben.

Menschenwürde

In den USA dürfen bestimmte Gefangene, vor allem des
Terrorismus verdächtige, aufgrund eines neuen Gesetzes mit
»unkonventionellen« oder »aggressiven« Methoden verhört
werden. Dazu zählen unter anderem:

- dauerhafter Lärm,
- dauerhaftes grelles Licht, 24 Stunden täglich,
- Schlafentzug bis 72 Stunden,
- dauerhaftes Stehen,
- Verweigerung von Schmerzmitteln,
- das »Vermitteln eines Gefühls von Erstickungsgefahr«, auf
  gut Deutsch: den Kopf unter Wasser tauchen, bis
  Todesangst eintritt, und das so oft es angebracht scheint,
- 20 Stunden lange Verhöre mit permanentem Anbrüllen,
- »Arbeiten« mit Hunden.

Aufgrund neuer Antiterrorgesetzgebung können Verdächtige vor
einem Militärtribunal angeklagt werden. Sie können dort keine
Rechtsmittel gegen eine Verletzung der Genfer Konvention
einlegen. Beweismittel auf Basis von »Hörensagen« sind erlaubt,
ebenso Aussagen, die unter Folter gemacht wurden. Über das
Ausmaß der Folter entscheidet der Präsident.

Man muss absichtlich blind sein, um den Rechtfertigungen
der US-Intellektuellen Glauben zu schenken. Man muss auf
die eigenen Interessen fixiert sein, die Gier nach Öl, und dem
Wahn verfallen sein, die besten aller Werte zu besitzen und
Gottes Werk zu tun. Dann kann man die eigene Gewalt rechtfertigen, indem man den Angriff auf das World Trade Center

zum Angriff »gegen das, was wir sind« erklärt. Und was sind wir? Natürlich die Guten! Was haben wir? Die besten Werte der Welt!

Die meisten Amerikaner glauben allen Ernstes, die übrige Welt würde sie hassen, weil sie so großartige Werte haben und weil sie so frei und so glücklich sind. Deshalb will man sie nicht nur töten, weit schlimmer noch: Man will sie ihrer Werte berauben. Man will ihnen nehmen, was sie zu den besseren Menschen macht. Man will die amerikanischen Werte zerstören – und da sei Gott davor.

Man mag stutzen. Was – außer dem berüchtigten Ham- oder Cheeseburger – könnten spezifisch amerikanische Werte sein? Aufgezählt wird von den Intellektuellen vor allem anderen: die Menschenwürde. »Keine andere Nation«, so befleißigen sich die US-Denker zu behaupten, »hat ihre Identität so direkt und ausdrücklich mit den universalen Menschenrechten verbunden.«

Unschwer kann man hier das Bedürfnis erkennen, das hinter dieser Wertebeschwörung steckt: das Streben nach einer unverwechselbaren amerikanischen Identität. Man ist Amerikaner, und das ist schon mehr als genug. Der Wunsch nach einem herausragenden Selbst ist aber nicht das einzige Bedürfnis, das hinter der Auseinandersetzung mit der islamischen Welt steht; nach der Gier nach Öl ist es aber wahrscheinlich das mächtigste.

Die Gier nach Öl ist indes noch grundlegender, sie darf keinesfalls unterschätzt werden. Sämtliche westlichen Industriestaaten hängen an diesem Brennstoff, allen voran die USA, die lieber Krieg führen, um ihren Zugang zum Erdöl zu erhalten, als im eigenen Land Schluss mit der schier unfassbaren Energieverschwendung zu machen. Jeder Amerikaner verbraucht viermal so viel Energie wie ein Europäer, und er ist überzeugt, das Recht dazu zu haben, weil er ja Amerikaner ist.

Es mag sogar sein, dass keine andere Nation ihre Identität vergleichbar ausdrücklich mit der Menschenwürde verbunden hat, wie die USA es in ihrer Verfassung tun. Aber Werte, das darf nicht vergessen werden, spielen in der Kommunikation eine Rolle und nicht im Handeln, und sie vermitteln auch keine feste Identität. Das Selbstbild kann sich, wie beschrieben, durch das Wertehüpfen die nötige Stabilität verschaffen, um sich selbst gegenüber Dinge zu rechtfertigen, die beispielsweise mit der Menschenwürde ganz und gar nicht zu vereinbaren sind. Und darin sind auch Amerikaner wahre Meister.

In keinem Land sitzen prozentual mehr Menschen im Gefängnis (sogar Kinder). In kaum einem anderen Land wird mehr Rassismus sowie wirtschaftliche und soziale Diskriminierung praktiziert. In kaum einem anderen Land gibt es mehr Waffen in Privathand sowie mehr Gewalt und Morde. In keinem anderen Land gibt es größere Unterschiede zwischen Arm und Reich. Das tut dem festen Glauben der meisten Amerikaner, in erster Linie die Menschwürde zu schützen, aber keinen Abbruch.

Natürlich stehen die Amerikaner mit ihrer Selbstbezogenheit nicht alleine dar. Europa kann sich indes eine gewisse Mäßigung auch deshalb leisten, weil die USA so vorpreschen.

Wie man sieht, lässt sich mit Werten wunderbar tricksen. Man kann von Wert zu Wert hüpfen, man kann sie aufblasen und zur Verschleierung nutzen, man kann sie unbemerkt zitieren und so einen Leim auslegen, auf dem sich andere verfangen, man kann anderen die Unschuld damit rauben, man kann sich hinter ihnen verschanzen und sie zum Streit oder als Waffen nutzen.

Nur eines kann man nicht wirksam: sie im Alltag leben.

VON DER RELATIVEN UNMÖGLICHKEIT, BESTIMMTE WERTE ZU LEBEN

Werte funktionieren, weil sie nicht festlegen, was zu tun ist.

Werte sind Gemeinsamkeitsunterstellungen, und sie erfüllen eine Funktion in der Kommunikation – aber haben sie auch eine wirksame Funktion im tagtäglichen Handeln? Anders gefragt: Können Einzelne oder eine Gesellschaft die Werte leben, die sie für sich beanspruchen?

Auf der Ebene der individuellen Identität (der Vorstellung von sich selbst) und der gesellschaftlichen Identität (der Vorstellung von der Gesellschaft) sind Menschen zutiefst überzeugt, von bestimmten Werten geleitet zu sein. Doch aufgrund der bisherigen Darstellungen muss bezweifelt werden, dass Vorstellungen die Möglichkeit bergen, ein Leben oder die Gesellschaft nach ihnen auszurichten.

Betrachtet man das tägliche Handeln und seine Ergebnisse, wird das deutlich. So wird beispielsweise behauptet, wir würden in einer freien und gerechten Gesellschaft leben. Hier wäre jede Existenz gleich viel wert, vor dem Gesetz wären die Menschen gleich, Leistung würde gerecht belohnt, es bestünde Chancengleichheit und so weiter.

Schauen wir uns das etwas näher an. Wie steht es beispielsweise um den Wert des Lebens? Ist das Leben jedes Menschen in unserer Gesellschaft tatsächlich gleich viel wert? Wenn man sich in Arztpraxen und Krankenhäusern umblickt, kann man das nicht unterschreiben. Wer privat versichert ist, der wird wesentlich schneller und besser behandelt, und wer das Geld hat, sich ein Organ auf dem internationalen Organmarkt zu kaufen, der lebt länger. Es ist durchaus kein Zufall, dass Reiche in diesem Land eine um mehr als sieben Jahre längere Lebenszeit genießen als Arme.

Hilfsbereitschaft

Der Spiegel: »Ist es deutschen Bürgern wirklich verboten, sich von einem Freund oder Verwandten in Rechtsfragen unentgeltlich beraten oder vertreten zu lassen?«

Antwort: »Nein, aber derjenige, der dem anderen gefälligkeitshalber juristisch hilft, muss mit Strafe rechnen.«
Helmut Kramer, ehemaliger OLG-Richter[1]

Wie steht es um die rechtliche Gleichstellung? Auch vor dem Gesetz sind diejenigen gleicher, die sich den Gang durch die kostspieligen gerichtlichen Institutionen einschließlich sündhaft teurer Rechtsgutachten und erstklassiger Rechtsanwälte (Rechtsverdreher?) leisten können.

Wie ist es mit der sozialen Gerechtigkeit? Wird in unserer Gesellschaft tatsächlich leistungsgerecht entlohnt? Dann hätte Boris Becker das Hundertfache eines fünffachen Olympiasiegers im Skilanglauf geleistet. Der Abstand zwischen den Topmanagergehältern und den unteren Einkommen beträgt heute 1:1.000 gegenüber 1:250 vor zwanzig Jahren. Offenbar leisten heutige Topmanager das Vierfache ihrer Vorgänger. Und der wirkliche Gewinner des Verkaufes von Chrysler ist gerade der Topmanager, der nach Schätzungen für die Vernichtung von bis zu 100 Milliarden Euro an entgangenen Gewinnen und vernichtetem Aktienkapital verantwortlich

sein soll, der ehemalige Vorstandsvorsitzende. Dessen Akti-
enoptionen sind aufgrund des nun gestiegenen Kurses ein
Vielfaches wert.

Gibt es dann wenigstens eine Chancengleichheit für unsere Kinder? Nein, denn lediglich 7 Prozent der Studierenden
an deutschen Universitäten stammen aus der Unterschicht,
und ein Arbeiterkind hat hierzulande eine sechsmal gerin-
gere Chance, auf ein Gymnasium zu gelangen, als ein Aka-
demikerkind.

Und wie steht es um die hohen kulturellen Werte Toleranz
und Ehrlichkeit? Werden wenigstens diese gelebt? Ein Kom-
mentar hierzu erübrigt sich angesichts der oft geduldeten
Übergriffe gegen Ausländer, der verbreiteten Steuerunehr-
lichkeit der Bürger und der Wahrheitsliebe der Amtsträger.

Leistungsgerechte Bezahlung

Topmanager verdienen in Deutschland bis zu 12 Millionen Euro
jährlich.

Angeblich müssen sie so hoch bezahlt werden, damit das
jeweilige Unternehmen »die Besten« bekommt.

Jeder der 25 Topmanager des erfolgreichsten Autoprodu-
zenten der Welt, Toyota, erhält 269.000 Euro pro Jahr.

So gesehen sind deutsche Topmanager bis zu 44 Mal besser.

Wie ist es um die ethische Verpflichtung der Unternehmen
bestellt? Heute ist es auch für Unternehmen angebracht, sich
in der Öffentlichkeit – und das heißt: in der Kommunikation – auf »ethische Grundsätze« und »allgemeinverbindliche
Werte« zu berufen. Das hindert Firmen aber nicht daran, ihre
Interessen fern jeder Rücksichtnahme auf Menschenleben zu

verfolgen. Beispielsweise verfügen die Firmen Chiron und Hoffmann-LaRoche:

... über Patente, die für die Untersuchung von Blutkonserven auf Aids eine wichtige Voraussetzung darstellen. Früher kostete diese Untersuchung 70 Cent. Durch die Patentierung kostet sie jetzt viermal so viel! Das bedeutet, die Schere zwischen Arm und Reich im Gesundheitswesen wird immer größer.[2]

Das bedeutet darüber hinaus, dass Millionen Menschen in der Dritten Welt, die sich die teure Untersuchung nicht leisten können, von ihrer Infektion nichts erfahren und andere anstecken. Das wiederum bedeutet: Millionen Tote.

Aber um den Wert des Lebens scheint es überhaupt schlecht bestellt. Alle fünf Sekunden stirbt weltweit ein Kind an Hunger, während alle Industriestaaten ihre Entwicklungshilfe herunterfahren. Unsere Nächstenliebe, die wir vor uns selbst so hochhalten, scheint im täglichen Leben nicht besonders tief verankert zu sein.

Vor Kurzem berichtete die Organisation *China Labor Watch*[3] von einem Aufstand in einer chinesischen Firma, deren Produktion zu 50 Prozent an McDonald's geht. Beim chinesischen Zulieferer schuften die Angestellten sechs Tage die Woche elf Stunden am Tag für einen Hungerlohn von 70 bis 100 Euro im Monat. Solidarität? Fehlanzeige. Wir kaufen Billigprodukte, die von anderen unter vorindustriellen und dazu noch totalitären Bedingungen gefertigt werden.

Wo man sich in der gesellschaftlichen Realität auch umschaut: Stets stellt man fest, dass Werte keineswegs angewendet werden, um das Leben zu strukturieren. Man benötigt sie in erster Linie für Auseinandersetzungen, die der eigenen

Interessenvertretung dienen. Was wirklich zählt, ist die Durchsetzung eigener Bedürfnisse.

VAGE BEOBACHTUNGSEFFEKTE

Wenn es denn überhaupt eine Wirkung gibt, die Werte über
die Kommunikation hinaus haben, ergibt sie sich im Zusammenhang mit der gegenseitigen Beobachtung der Beteiligten.
Was hat es mit dieser Beobachtung, die heute in der Öffentlichkeit zu einem großen Teil von den Medien getätigt wird,
auf sich?

Wer Werte indirekt zitiert (die bessere Möglichkeit) oder
sich direkt auf sie beruft (der schlechtere Weg), muss damit
rechnen, an diesen Werten gemessen zu werden. Man ver-
gleicht, was ein Mensch sagt, mit dem, was er tut. Je eindeu-
tiger sich jemand einem Wert verschrieben hat, desto leichter
wird es, ihn darauf festzunageln. Ist jemand auf Werte festgelegt, schränkt sich also sein Handlungsspielraum ein. Darin
liegt der wesentliche Grund, warum Werteprofis – allen voran
Politiker – eine starre Bindung an Werte vermeiden und warum
es gut ist, stets ein paar andere Werte als die gerade propagierten im Ärmel zu haben.

Der Effekt der Beobachtung wirkt allerdings nicht besonders nachhaltig, weil diese nur begrenzt möglich ist. Wertepropheten können vieles tun, um der Beaufsichtigung – durch
die Öffentlichkeit – zu entkommen. Was nicht zu propagierten Werten passt, muss heimlich stattfinden. Weil dieses Verbergen meist gelingt, kann der christliche Ehemann ins Bor-
dell gehen und seinen Kindern dennoch Treue und Ehrlichkeit
predigen, und die Gesellschaft kann sich jede Ungerechtigkeit leisten, solange diese nicht Gegenstand der öffentlichen
Diskussion wird.

Beobachtung findet eine weitere Grenze: durch den Lauf der Zeit. Zwischen dem, was beispielsweise ein Politiker sagt, und dem, was er schließlich tut, liegen meist Monate oder sogar Jahre, und in diesem Zeitraum ergeben sich genügend »neue Fakten«, die zur Rechtfertigung eines von den beschworenen Werten abweichenden Verhaltens herangezogen werden können.

Gleichzeitig unternehmen Interessengruppen vieles, um die öffentliche Aufmerksamkeit zu manipulieren. Dazu unterhalten Unternehmen und politische Organisationen große Abteilungen für Öffentlichkeitsarbeit, beispielsweise das Bundespresseamt. Diese Einrichtungen dienen einerseits der Beobachtung dessen, was über die jeweiligen Akteure berichtet wird, und der Analyse, wie die besten Antworten ausfallen sollten. Andererseits sind sie dazu da, ein bestimmtes Image aufzubauen.

Ein Image ist ja nichts anderes als der erfolgreich aufgebaute Eindruck, an bestimmte Werte gebunden zu sein. (Man stellt sich in der Werbung als »Die Beraterbank« dar oder verspricht: »Wir machen den Weg frei.«)

Wenn ein Werteprophet trotz dieser verschiedenen Möglichkeiten zur Abschwächung des Beobachtungseffektes auf bestimmte Werte festgelegt wird, kann er immer noch bestreiten, es so gemeint zu haben. Schließlich hat er unter »gerecht« oder »solidarisch« etwas ganz anderes verstanden. Solche Verbiegungen gelingen mit schöner Regelmäßigkeit, ohne die eigene Identität ins Wanken zu bringen.

Aufgrund der vielfältigen Möglichkeiten, die private oder gesellschaftliche Öffentlichkeit zu manipulieren, kann weder die Fremd- noch die Selbstbeobachtung die Handlungsspielräume oder die Identität von Wertepredigern ernsthaft gefährden. Man rettet sich notfalls durchs Wertehüpfen, und

auf diese Weise kann sich die Gesellschaft trotz allem für
freiheitlich und gerecht halten, und der Einzelne glaubt trotz
seiner tagtäglichen Werteverstöße, er wäre ein von höheren
Zielen geleiteter Mensch.

Es mag eine bittere Kröte sein, die in Bezug auf den Wert
der Werte geschluckt werden muss, aber dennoch gilt: Weil
sie für die Kommunikation gedacht sind und nicht zur Hand-
lungsanleitung dienen, können Werte nicht eindeutig gelebt
werden. Wir müssen uns mit der trügerischen Vorstellung
begnügen, wir würden genau das tun. Das tut den Werten
aber keinen Abbruch, denn in der Kommunikation funktionieren sie unbeeindruckt von den Schwächen ihrer praktischen Anwendung. Ganz im Gegenteil:

Werte funktionieren gerade deshalb, weil sie *nicht* festlegen, was
zu tun ist, sondern es offen lassen.

Ansonsten wäre ein Handeln, das den verschiedenen Erfor-
dernissen in den verschiedenen Lebensbereichen und gesellschaftlichen Subsystemen entspricht, nicht möglich. Ein eindeutiges Handeln würde erfordern, einen bestimmten Wert
in allen Bereichen gelten zu lassen, aber das ist schier unmöglich.

Was soll man mit dem Wert der Solidarität in der Wirtschaft anfangen? Sind Offenheit und Ehrlichkeit in einer
Partnerschaft tatsächlich praktikabel? Welchen Sinn hat
Fleiß, wenn die Regale überfüllt sind, die menschlichen Beziehungen aber im Argen liegen? Wie wertvoll ist Gelassen-
heit, wenn der Kühlschrank leer ist? Wie sinnvoll ist Ehrlichkeit in der Politik, solange von Politikern erwartet wird, dass
sie uns retten? Welchen Sinn hat Verantwortung in der Wirtschaft, solange keine Transparenz vorhanden ist?

Es gibt keinen Sinn an sich, es gibt keine Werte an sich, und deshalb lassen sich Werte nicht ungebrochen leben, vielmehr werden sie ständig gebrochen, verbogen und verdreht. Aber es gibt Interessen, und nach denen wird unter allen Umständen gelebt.

DIE WERTEDISKUSSION

In einer Wertediskussion *wird getestet, welche Werte
zukünftig belastbar sind.*

Bisher habe ich mich mit der Beschaffenheit der Werte und
den Mechanismen ihrer Anwendung befasst. Damit sind die
Aufgaben der Werte und ihr Gebrauch in der gesellschaftlichen Kommunikation weitgehend dargelegt. Wenden wir
uns nun der aktuellen Wertediskussion der letzten Jahre zu,
die wohl noch eine ganze Weile anhalten wird.

Ich möchte zuvor nochmals daran erinnern, dass jemand,
der sich auf gemeinsame Werte beruft, dennoch sein eigenes
Süppchen kochen möchte. Seit einigen Jahren sind Werte in
aller Munde, und man kann daraus schließen, dass gegenwärtig viele Töpfe auf dem Herd stehen. Die Wertediskussion
ist in vollem Gange. Bücher zum Thema erscheinen, Fernseh-
sendungen werden ausgestrahlt, es werden zahllose öffentliche und private Diskussionen rund um das Thema Werte
geführt.

Diese Konjunktur des Themas ist nicht verwunderlich.
Denn aufgrund der sich stark verändernden wirtschaftlichen
Situation und ihrer Auswirkungen auf sämtliche Lebensbereiche sind gegenwärtig vielfältige etablierte Interessen gefährdet. Das betrifft jedes Feld, in dem Einzelne und Gruppen
miteinander um die Durchsetzung ihrer Belange konkurrieren. Kurz gesagt: Gegenwärtig werden die Karten im gesellschaftlichen Feld neu gemischt.

Die Krise löst die Wertediskussion aus

Auslöser dieser Wertediskussion ist, um die Ansicht des Soziologen Niklas Luhmann wiederzugeben, schlicht und einfach die Krise. Ein Wert symbolisiert nach Luhmann etwas Unbezweifelbares, die wirtschaftliche und soziale Veränderung hingegen wirft jede Menge Fragen auf. Eine Krise ist ja nichts anderes als ein akuter und massiver Zweifel. Ein Krisenempfinden provoziert daher unvermeidlich große Zweifel an den geltenden Werten. Die Werte – die Vorstellungen davon, was uns verbindet – geraten ins Wanken.

Beständigkeit

Auch die Menschen der Antike und des Mittelalters waren schon umgetrieben von der Sehnsucht nach verlässlichen Werten.
Professor Birgit Recki[1]

Eine praktische Auswirkung der Krise besteht darin, dass man nicht mehr weiß, auf welche Werte man sich berufen kann, um bestimmte Handlungen zu rechtfertigen. Man merkt lediglich, dass bestimmte Werte in der Kommunikation nicht mehr »ziehen«, und ist sich unsicher, welche Gemeinsamkeitsunterstellung man nun anbringen kann. An solch einem Punkt bricht eine Wertediskussion aus.

Wertediskussionen sind gesellschaftliche Testveranstaltungen, in denen herausgefunden wird, worauf man sich zukünftig in seinen Handlungen berufen kann.

In einer Wertediskussion geht es deshalb nicht darum, den richtigen Weg zu finden, Handlungsoptionen auszuloten oder Ähnliches, sondern es werden die Ballons gesucht, die man jetzt mit Aussicht auf Erfolg aufblasen kann. Am Ende einer gesellschaftlichen Wertediskussion, die meist viele Jahre umfasst, stehen dann neue Werte, die die alten aus der Vorstellung verdrängt haben.

Die Stunde der Geier

Mit der Wertediskussion beginnt demnach ein großes gesellschaftsweites Manipulieren. An jeder Ecke werden Fahnen gehisst, auf denen Werte beschworen werden, und jeder Beteiligte versucht, andere auf diese Werte einzuschwören.

Sicherheit

Wertediskussionen sind gerade deshalb so beliebt, weil sich mit ihnen ein Gefühl der Sicherheit verkaufen lässt.
André Tautenhahn[2]

Mit anderen Worten: Mit der Wertediskussion beginnt die Stunde der Geier. Geier (die Tiere mögen mir den Vergleich verzeihen) laben sich am Elend anderer. Dies haben sie mit den in der Wertediskussion öffentlich auftretenden Wertepropheten gemein, die die allgemeine Verunsicherung ausnutzen und die dabei, wie der Philosophieprofessor Kurt Bayertz betont, selbst Leute sind, »... die im Lehnstuhl sitzen und aus einer relativ sicheren Position heraus einen allgemeinen Verfall der Werte konstatieren«[3].

Da finden wir beispielsweise den Prediger Peter Hahne, der frohlockt »Schluss mit lustig!« und der eine Möglichkeit gekommen sieht, seinen lieben Gott zu verkaufen. Da treffen wir Unternehmer, die eine Chance für Lohnkürzungen und eigene Gehaltserhöhungen wittern. Da entdecken wir Politiker, die ihre Konzepte ans verunsicherte Wahlvolk bringen wollen, da sehen wir Gewerkschaftsfunktionäre, die hoffen, den Abwärtstrend der Gewerkschaften stoppen zu können.

Das Wertetheater ist eröffnet. Es findet in der Öffentlichkeit statt, wo sich gegenwärtig zahlreiche Konfliktthemen auftürmen. Beispielsweise die drohende Kinderlosigkeit und das daraus folgende Rentenproblem, das marode Gesundheitswesen, die Bildungsmisere, die ausufernde Arbeitslosigkeit, die Probleme bei der Integration von Ausländern und so weiter und so fort.

Für alle diese Probleme werden wir befriedigende Lösungen finden – wenn wir uns nur auf die richtigen Werte berufen, das verspricht man uns. Welches aber diese richtigen Werte sein sollen, ist gegenwärtig noch unklar.

Welche Werte werden in der gegenwärtigen Wertediskussion getestet? Das sind vor allem sogenannte christliche Werte und ebenso die »guten alten Werte«. Ziemlich einhellig wird ein Wertewandel gefordert. Darüber hinaus ginge es darum, den Kindern wieder Werte zu vermitteln, und dann müssten Ausländer endlich unsere kulturellen Wertvorstellungen übernehmen.

Schauen wir uns diese Themenfelder genauer an.

Wenn der Hahne kräht vom Mist

Christliche Werte – *Gott kann sich unmöglich irren.*

Einer der »Wertegeier«, die durch den krisenhaften gesellschaftlichen Wandel aus der Wüste der Nichtbeachtung ge-
lockt wurden, ist der christliche Prediger Peter Hahne, der
Mann, der so lautstark »Schluss mit lustig!« jubelt. Sein Buch
mit dem entsprechenden Titel stand lange Zeit auf der Best-
sellerliste, es wird etlichen Leserinnen und Lesern vertraut
sein, seine Leitideen tauchen in jedem Wortbeitrag des konservativen Lagers auf. Hahnes Thesen eignen sich deshalb
hervorragend, um den interessenbestimmten Gebrauch von
Werten in der gegenwärtigen Diskussion zu erläutern.

Mein erster Eindruck beim Lesen seines Buches war: ein
absurdes Pamphlet. Am absurdesten erscheint mir, wie sich
jemand auf 143 Seiten darüber beklagen kann, dass sich die
Menschen heutzutage über alles Mögliche beklagen. Hahne
beklagt, dass wir Deutschen »Weltmeister im Beklagen« seien,
und erweist sich damit als Olympiasieger in dieser Disziplin.
Dass er fast durchgehend die Form der Anklage wählt, ändert
daran nichts, denn auch eine Anklage ist nichts weiter als
eine Klage, nur dass sie nicht jammernd, sondern offensiv
vorgetragen wird.

KURZ VOR DEM WELTUNTERGANG

Was und wie schreibt Peter Hahne? Zu Beginn seiner Warn-
schrift eröffnet der Autor ein wahres Weltuntergangsszena-
rio. Angeblich hat der 11. September »mit einem Schlag die
Tagesordnung des gesamten Globus verändert«, und er ist
sich sicher, »die Attentate haben unsere Zivilisation auf

lange Sicht total verändert«. Dann führt Hahne die Morde
eines Schülers am Erfurter Gutenberg-Gymnasium im Jahre
2002 als Beweis für die ausufernde Gewalt an Schulen an, die
PISA-Studie als Beweis für eine um sich greifende Verdum-
mung, die Kinderlosigkeit und Alterspyramide als Beleg für
eine Zukunft in Armut und Einsamkeit und außerdem noch
einige andere kleinere und größere Katastrophen, und schließlich ist auch dem letzten Zweifler klar: Der Tag des Jüngsten
Gerichts naht!

Hahne weiß auch, warum die Welt kurz vor ihrem Ende
steht: »Wir haben Werte und Normen, Orientierungsmarken
und Maßstäbe verloren«. Nachdem uns das Lachen derart
vergangen ist und wir voller Furcht in die Zukunft blicken
(das Lachen war der Kirche stets suspekt, sie hat ihre Macht
auf der Furcht begründet), wird uns die Rettung versprochen.
Wir müssten lediglich wissen, »welche Werte wir verteidigen
wollen«, und es komme darauf an, »die Grundwerte einer freien
Gesellschaft zu kennen, sie zu leben und für sie einzustehen«.

DER TEUFEL IN PERSON DER ACHTUNDSECHZIGER

Wie erklärt Hahne den von ihm behaupteten völligen Verfall
der Sitten und die beschworene gänzliche Auflösung der
alten Werte? Die Schuldigen hat er schnell ausgemacht. Es
sind die Achtundsechziger und ihr »Kampf gegen jede Form
von Tradition, Autorität und Wertebindung«. Diese subver-
siven Gestalten propagierten »Freizeit, Gleichgültigkeit, Lie-
derlichkeit« und brachten das Land damit auf den falschen
Weg. Sie sind verantwortlich dafür, dass »kein Land der Erde
so wenig arbeitet wie wir Deutschen« und dass wir »Weltmeister bei den Urlaubs- und Feiertagen sind«.[4] Das ist in der
Tat abscheulich. Am schlimmsten aber hat sich seiner Mei-

nung nach die üble Forderung der Achtundsechziger nach
Selbstverwirklichung ausgewirkt. Sie hat uns alle zu bruta-
len Egoisten gemacht. Und natürlich hat die sexuelle Revolution dem Land einen absoluten Sittenverfall beschert, und
sie ist außerdem angeblich kläglich gescheitert.

Die sogenannte sexuelle Revolution ist ein gutes Beispiel
für den tendenziösen und geradezu schlampigen Umgang
Hahnes mit Fakten. Allein sie der Achtundsechziger-Genera-
tion in die Schuhe zu schieben, stellt eine schlimme Ge-
schichtsverdrehung dar. Die Achtundsechziger waren natürlich an der sexuellen Umwälzung beteiligt, aber diese wurde
von nahezu allen gesellschaftlichen Schichten gefordert. Werfen wir einen kurzen Blick auf die damaligen sexuellen Verhältnisse, die Dagmar Herzog, Professorin für Geschichte am
Graduate Center der City of New York, eingehend geschildert
hat.[5]

Nach zwei Jahrzehnten äußerst konservativer Sexualpoli-
tik der Nachkriegszeit bestand Mitte der Sechzigerjahre in
sexueller Hinsicht eine zwiespältige und angespannte Lage.
Vorehelicher Geschlechtsverkehr war moralisch verurteilt, dennoch wurden Anfang der Sechzigerjahre »40 bis 70 Prozent
der erstgeborenen Kinder vor der Ehe gezeugt, mehr als 50
Prozent der Ehen und 90 Prozent der Frühehen wurden nur
geschlossen, weil die Braut schwanger war«.[6] Während Abtreibung unter Strafe stand, schätzen Fachleute, dass jeder
Geburt ein bis drei Abtreibungen gegenüberstanden. »Allein
im Jahr 1959 wurden 5.400 Angeklagte wegen Durchführung
einer Abtreibung zu mehrjährigen Haftstrafen verurteilt.«
Ein Arzt gab zu, mehr als 2.000 Abtreibungen durchgeführt
zu haben.[7] Schon in den Fünfzigerjahren schätzten Experten
die Zahl der jährlichen Abtreibungen auf 500.000 bis eine
Million.

In diesem Klima scheiterte 1963 der Versuch, im Bundestag eine konservative Reform des Sexualstrafrechts durchzusetzen, in der die gängigen sexuellen Unterdrückungsmaßnahmen (Strafbarkeit des Ehebruchs, Abtreibungsverbot, Strafbarkeit der Homosexualität und der Pornografie und Ähnliches) festgeschrieben werden sollten. Der Gesetzesentwurf ging in einem Ausbruch allgemeiner Entrüstung unter.

Das sexuelle Verhalten der Menschen stand in deutlichem Widerspruch zu den konservativen Idealen, was damit endete, dass diese Ideale von breiten gesellschaftlichen Schichten abgelehnt und über Bord geworfen wurden – auch von Theologen übrigens, berichtet Dagmar Herzog: »Ende der Sechzigerjahre forderten mehrere evangelische Theologen eine Liberalisierung des Scheidungsrechts, mehr Verständnis für vorehelichen Sex und eine stärkere Würdigung der Sexualität in der Ehe.«

Die gesellschaftliche Umwälzung ging so weit, dass einige Pastoren öffentlich anregten, »kirchliche Jugendorganisationen sollten jungen Leuten Räume für sexuelle Betätigung zur Verfügung stellen. Andere Pastoren kritisierten gar offen das biblische Verbot des Ehebruchs.«[8] Anfang der Siebziger schwenkten auch mehr und mehr katholische Pastoren, unter anderem ausgelöst durch die erzkonservative Enzyklika *Humanae vitae* ihres Papstes, auf Reformkurs.

Diese gesellschaftliche Erneuerung sexueller Moral als utopische und gescheiterte sexuelle Revolution der Studentenbewegung hinzustellen ist schlicht falsch. In der Gedankenwelt von Peter Hahne hat der Teufel offenbar eine Gestalt angekommen: »die Achtundsechziger«!

Ebenso falsch wie seine Einschätzung der sexuellen Revolution ist Hahnes Darstellung, die Achtundsechziger hätten die Grundlagen der »Spaßgesellschaft« gelegt. Wenn es eine

Grundlage dafür gibt, dann liegt sie im immensen Wohlstand, den die fleißigen und ordentlichen Bürger angehäuft
haben, und im Bedürfnis, die Früchte dieses Wohlstandes zu
ernten. Außerdem definieren junge Leute heute Spaß etwas
anders als der Christ Peter Hahne, dem der Begriff Spaß ohne-
hin reines Teufelswerk ist.

Unter »Spaß« verstehen also heute sehr viele Menschen nicht
nur Zerstreuungen und Vergnügungen, sondern das Erlebnis
erfolgreichen persönlichen Wirkens und Helfens in Verbindung
mit Selbsterweiterungserfahrungen.[9]

Insgesamt gerät die Beschimpfung der Achtundsechziger –
auf die interessanterweise auch der rechtsgerichtete Ex-Rich-
ter und Ex-Innensenator Hamburgs, Ronald Schill, einen
großen Teil seines Wahlerfolges in Hamburg gründete – zum
Eigentor. Wenn die Eltern der Achtundsechziger tatsächlich
noch über die »guten alten Werte«, über Fleiß, Frömmigkeit,
Anstand und so weiter verfügten, warum konnten sie diese
Wertvorstellungen dann nicht weitergeben? Warum haben
ihre Kinder derart gegen sie rebelliert? Was war das für eine
Generation, die den Zorn ihrer Kinder derart provozierte,
dass diese zu Zehntausenden auf die Straße gingen und pro-
testierten? Was haben diese Kinder gesehen, wenn sie ihre
Eltern betrachteten?

Sie sahen eine krampfhafte Verdrängung der Nazizeit; sie
sahen Nazifunktionäre als Politiker und in öffentlichen Äm-
tern; sie sahen eine massive Diskriminierung von Frauen,
prügelnde Eltern, die Unterdrückung von Homosexuellen,
eine verklemmte, von christlichen Ansprüchen deformierte
Sexualität; sie sahen eine mangelhafte Pressefreiheit (siehe
Spiegel-Affäre); sie sahen den grausamen Vietnamkrieg und

anderes mehr. *Sie sahen ein gesellschaftliches Verhalten, das mit den propagierten Moralvorstellungen und Werten wie Anstand, Demokratie und Freiheit nicht übereinstimmte*, und gegen diese grassierende Verlogenheit begehrten sie – durchaus auch erfolgreich – auf.

SINNVOLLES AUFBEGEHREN

Ein Weiteres kommt hinzu. Kinder haben ein gutes Gespür für die sekundären Prozesse ihrer Eltern. Sekundäre Prozesse sind Verhaltensweisen, die Menschen sich verbieten, weil sie sich an etwas Bestimmtes gebunden haben. Wenn es bei den Eltern beispielsweise heißt: »Erst die Arbeit, dann das Vergnügen«, werden die Kinder mehr auf das Vergnügen zugehen als auf die Arbeit. Wenn die Eltern sagen: »Schaffe, schaffe, Häusle baue«, werden die Kinder fragen, was mit den ganzen Häusern und dem Reichtum anzufangen ist. Was also in der Elterngeneration im Hintergrund steht, wird von den Kindern in den Vordergrund geholt.

Bezogen auf die damalige Zeit waren das: eine freiere Sexualität, eine größere Toleranz, gelebte Meinungsfreiheit, eine größere Fähigkeit zum Genuss und nicht zuletzt die verteufelte Selbstverwirklichung. Insofern trifft es zu, dass Eltern stets die Kinder haben, die sie verdienen.

Nicht anders erging es denjenigen Achtundsechzigern, die selbst Eltern wurden. Sie mussten entsetzt zusehen, wie ihre Sprösslinge Ehen eingingen, in die Junge Union eintraten, Anzug und Krawatte trugen und ganz allgemein auf Ordnung und Sauberkeit viel Wert legten. Die nächste Generation hält der vorigen stets den Spiegel vor. Das ist ganz normal und gut so, weil auf diese Weise gesellschaftliche Defizite ausgeglichen werden.

Dagmar Herzog fasst die historischen Verdienste der Achtundsechziger folgendermaßen zusammen:

In der öffentlichen Debatte im wiedervereinigten Deutschland
von heute ... ist es mittlerweile Usus, die Studentenrevolte,
die APO und ihre Nachwehen ... zu verunglimpfen. Doch in dem
historischen Augenblick, in dem sie stattfanden, waren diese
Rebellionen – und nicht zuletzt ihr sexuelles Element – unge-
heuer wichtig. Sie definierten letztlich die Beziehungen
zwischen Mann und Frau, innerhalb der Familie und zwischen
Sexualpartnern sowie alle Codes des gesellschaftlichen Mit-
einanders neu. Sie untergruben die Autorität der politisch und
religiös Konservativen, die das politische Leben in West-
deutschland fast zwei Jahrzehnte lang beherrscht hatten, und
sie lenkten den moralischen Diskurs in Deutschland erfolg-
reich auf globale Themen wie soziale Ungerechtigkeit, wirt-
schaftliche Ausbeutung und Krieg.[10]

Jeder, der heute in diesem Land lebt, profitiert auf breiter
gesellschaftlicher Ebene von den Entwicklungen, welche durch
die Achtundsechziger eingeleitet wurden. Man kann diese
Generation auch gerne kritisch sehen, aber verteufeln muss
man sie nicht – es sei denn, man braucht einen Schuldigen
und will Werte zum Streit oder als Waffe gebrauchen.

FÜR DIE EIGENE BEDEUTUNGSLOSIGKEIT GESORGT

Statt die Verantwortung auf andere abzuwälzen, könnte man
sich auch an die eigene Nase fassen. Hahne beklagt beispielsweise die grassierende Gottlosigkeit. Hat nicht die Kirche
selbst dafür gesorgt, durch Scheinheiligkeit und Doppelmoral, dass sich die Menschen von ihr abwenden? Hat die oft

unterwürfige Haltung der Kirchenoberen gegenüber dem Na-
ziregime nicht wesentlich zum schlechten Ruf der Kirche
beigetragen? Wie sieht es mit der Vertuschung von weltwei-
tem sexuellem Missbrauch Tausender Kinder durch Priester
aus?

Das ficht den Prediger nicht an. Für Hahne ist das Kreuz
ein »harmloses Symbol von Toleranz, Barmherzigkeit und
Menschenliebe«.[11] Hat der Mann noch nichts über die Geschichte des Christentums gehört? Und er selbst? Auch seine
Tiraden lassen nicht gerade auf Toleranz und Menschenliebe
schließen.

Bescheidenheit gehört jedenfalls nicht zu den Stärken des
Peter Hahne. Selbstgerecht brandmarkt er Faulheit, Spaß-
sucht, Unzuverlässigkeit als Ursachen des angeblichen gesellschaftlichen Verfalls und macht eine »bewusste Zerstörung unseres Wertefundamentes und das gezielte Kappen
kultureller Wurzeln« aus. Irgendwer muss da heimlich am
Werke sein, um »gezielt« und »bewusst« zu zerstören. Wer
mag der große Unbekannte sein? Der Teufel höchstselbst?

Mit seinen Phrasen versammelt Hahne die ewig Gestrigen
hinter sich, die glauben, sie könnten das Rad zurückdrehen
und durch sogenannte »alte Werte« wie Pünktlichkeit, Fleiß
und Demut das Wirtschaftswunder und die guten alten Zeiten,
in denen die Kirchen noch voll waren, wiederauferstehen
lassen.

Vollends absurd gerät denn Hahnes Aufforderung »Zurück zur Realität!«. Was ist damit gemeint? War die sogenannte Wohlstandsgesellschaft unwirklich? War sie ein Traum?
Wohl kaum. Die von Hahne diffamierte »Spaßgesellschaft«
kann nicht zum Irrtum erklärt werden, auch wenn ihr heute
das wirtschaftliche Fundament entzogen wird. Die heutigen
Sparmaßnahmen versuchen lediglich, die Folgen einer spezi-

fischen Entwicklung zu bewältigen, so wie das in Gesellschaften seit Jahrtausenden der Fall ist.

Gesellschaften entwickeln sich grundsätzlich – wie übrigens auch Individuen und Beziehungen – nicht durch Planung, sondern ausschließlich durch die Bewältigung von Störungen und Krisen. Das habe ich an anderer Stelle ausführlich dargelegt.[12] Die Weltgesellschaft, in der wir uns heute bewegen, ist derart komplex, dass ihre Zusammenhänge von niemandem überschaut werden können. Wenn etwas erkennbar wird, dann ist es bereits geschehen und lässt sich nicht mehr rückgängig machen. Damit etwas aber wahrgenommen wird, muss es zuerst stören.

Der rechte Glaube

Fundamentalisten können es nicht über sich bringen, mit Leuten zu verhandeln, die nicht ihrer Meinung sind, denn schon die Verhandlungen würden ja Gleichheit implizieren...

Im Übrigen halten Fundamentalisten es für unmöglich, selbst Fehler zu machen. Wenn wir also Abu-Ghuraib zugelassen haben oder die Folter von Häftlingen in Guantánamo, wird ein Fundamentalist niemals eingestehen, dass das Fehler waren.

Jimmy Carter, ehemaliger Präsident der USA[13]

Die heutige Krise ist Schritt einer notwendigen Entwicklung. Wir haben nichts »falsch« gemacht, wir versuchen heute lediglich, Störungen zu bewältigen, die wir so nicht kommen sahen. Das ist normal und anders nicht machbar. Was also soll »die Realität« sein, die Hahne wiederfinden will?

Für Peter Hahne ist das menschliche Leben offenbar hart

und bitter, von Sünde durchdrungen und von Sinnlosigkeit geprägt, eine Hölle auf Erden; und die Achtundsechziger wollten dies ignorieren und ein Paradies auf Erden genießen. Pfui!

Worin aber besteht Peter Hahnes Vorschlag zur Rettung des Menschen? Seine denkbar schlichte Forderung lautet: »Holt Gott zurück in die Politik.«

UM GOTTES WILLEN!

Mit seinem Ansinnen, Gott in die Politik zu integrieren, formuliert Hahne unverblümt sein persönliches Interesse als Missionar, das hinter seinem Wertegetöse steht: Er möchte seine christliche Identität verbreiten, er sucht Ruhm und persönlichen Einfluss, er möchte ein Heer von Gläubigen, dem er als Sprachrohr Gottes vorsteht. Alle Menschen sollen so glücklich und geborgen leben wie er, alle sollen die richtigen Maßstäbe für ein richtiges Leben erhalten. Schließlich steht in der Bibel, wie man ein rechtes Leben führt! Deshalb kann nur Gott es richten. Aber der muss natürlich richtig interpretiert werden, und dazu gibt es Fachleute wie Peter Hahne.

Versuche, Gott zurück in die Politik zu holen, gibt es gegenwärtig in den verschiedensten Ländern, und stets sind die Folgen verheerend. Man braucht gar nicht auf Teile der islamischen Welt zu verweisen, auf die Taliban in Afghanistan, Irak und Iran. Man braucht nur auf das freieste aller freien Länder, die USA, zu schauen. Dort kann man Christen bei ihrer fundamentalistischen Arbeit und dem übrigens sehr erfolgreichen Bemühen, Gott in die Politik zu holen, beobachten.

In Gottes Auftrag arbeiten sie beispielsweise hart daran, die Evolutionstheorie aus den Schulbüchern zu verbannen und durch die Schöpfungslehre (Stichwort: »intelligent design«) der Bibel zu ersetzen. Unterstützung bekommen sie dabei von einem direkten Auftragnehmer Gottes, dem Präsidenten George W. Bush, der regelmäßig Rücksprache mit dem christlichen Weltenschaffer hält und der erklärt hat, die Schöpfungslehre sollte in der Schule gleichberechtigt mit der Evolutionstheorie behandelt werden.

Tatsächlich glauben lediglich 30 Prozent der Amerikaner an die Evolution, die übrigen vertreten die Ansicht, Gott habe die Welt in sechs Tagen erschaffen. Vor Gericht konnten sich die Christen mit ihren abstrusen Ideen bisher allerdings nicht durchsetzen. Gelänge den religiösen Ultras dieses Kunststück, wüsste man – da kann man Hahne nur zustimmen – endlich, woran man ist, wäre aller lästigen Fragen über die Existenz und ihre Ursprünge und aller existenziellen Zweifel entledigt und voller Dankbarkeit für diese sinnhafte Orientierung.

Identität aus dem Glauben

Fundamentalisten glauben, sie hätten ein einzigartiges Verhältnis zu Gott, ihre Ideen wären Gottes Ideen. Und weil sie für Gott sprechen, muss jeder, der ihre Meinung nicht teilt, im Unrecht sein.

Der nächste Schritt ist dann, dass ihre Gegner zwangsläufig minderwertig sind, im Extremfall sogar zu Untermenschen werden, deren Leben kaum von Bedeutung ist.
Jimmy Carter, ehemaliger Präsident der USA[14]

CHRISTLICHE WERTE?

Überhaupt taugen christliche Fundamentalisten und auch gemäßigte Christen, deren Einfluss auf die Politik der USA weiterhin zunimmt, ganz hervorragend als Vorbilder für gelebte christliche Werte. So töten sie gelegentlich Ärzte oder Mütter, die abtreiben lassen, unmittelbar vor den Abtreibungskliniken oder verüben Sprengstoffattentate auf solche Kliniken. Sie tun das aufgrund der Überzeugung, dass das menschliche Leben der höchste Wert sei.

Um anderen ihre eigenen Moralvorstellungen aufzuzwingen, schrecken sie auch vor Denunziation nicht zurück. In den wissenschaftlichen Instituten und den Unternehmen der USA häufen sich anonyme Beschuldigungen gegen Angestellte, die angeblich oder tatsächlich die Ehe brechen oder mit Firmenangehörigen sexuelle Beziehungen aufnehmen. Das hat oft den Verlust des Arbeitsplatzes zur Folge – für die Beschuldigten wohlgemerkt. Solche Anzeigen werden in feiger Manier anonym abgegeben, damit sich der aufrechte Christ nicht vor Gericht verantworten muss.

Der Konfessionskundler Professor Erich Geldbach aus Bochum schätzt christliche Fundamentalisten als gefährlich für den Weltfrieden ein, da der Unterschied zwischen ihnen und islamistischen Fundamentalisten höchstens graduell sei. Den Professor stört besonders, dass diese Christen »die heilige Schrift wortwörtlich verstehen [Kreationismus] und dass sie besonders großes Gewicht auf sogenannte Endzeitaussagen legen«.[15]

Wie gefährlich diese primitive Weltsicht in der Tat ist, beweist Bush mit seinem »Krieg gegen das Böse«, das er durch Gewalt endgültig aus der Welt schaffen will und das natürlich nur bei anderen zu finden ist.

Von Endzeitaussagen ist auch Peter Hahne nicht sehr weit entfernt, wie das von ihm entworfene, oben geschilderte Katastrophenszenario beweist. Aber er hat auch ganz praktische Orientierung zu bieten. Er fordert beispielsweise »Eliten, die wieder vorbildhaft Kinder in die Welt setzen«,[16] das Verbot von Abtreibungen; er stellt den Landkreis Cloppenburg als vorbildlich in Bezug auf Geburtszahlen hin, weil dort »nur eine geringe Zahl der Frauen berufstätig«[17] ist, er plädiert für die Verschiebung des Rentenalters, längere Arbeitszeiten, er will, dass das »Dienen wieder zu einem geachteten Wert wird«, und natürlich will er einen »kompromisslos-radikalen, an der Bibel orientierten Lebensstil«[18], denn die Bibel ist die »Wertegrundlage Europas«[19].

Was macht man aber, wenn man – wie wir armen Ungläubigen – die richtigen Werte »verloren«, »vergessen« oder gar »verworfen« hat? Das ist kein Problem, denn es gibt »Menschen, die über einen Wertevorrat verfügen«[20]. Und den beziehen sie, so wie Peter Hahne selbst, vom lieben Gott. Gott hat nämlich »ewige Werte« anzubieten.

Dass es Menschen gäbe, die über einen »Wertevorrat« verfügen, ist eine wirklich niedliche Vorstellung. Offenbar haben sie Werte gehortet, sozusagen für schlechte Zeiten, und sind nun bereit, in aller Selbstlosigkeit ihre Vorräte zu verteilen. Das macht Hoffnung. Besonders gepriesen wird die moralische Orientierung, die sich aus dem Buch der Bücher, dem »Powerbuch« – der Bibel – ergibt, deren zentrale Weisung lautet: »Alles, was ihr wollt, dass euch die Leute tun sollen, das tut ihnen auch.«[21]

Schön und gut. Aber für diesen moralischen Grundsatz braucht man die Bibel nicht. Schon die alten Griechen haben ihn formuliert. Und ein Blick ins Tierreich zeigt, dass dieser moralische Grundsatz dort ebenso zu finden ist, beispielsweise bei Vampirfledermäusen. Das Wissensmagazin der Zeitschrift *Geo* berichtet:

Die Vampire teilen ihre Kost nur mit solchen Artgenossen, die ihnen in ähnlicher Not etwas abgegeben haben. »Die Mitglieder einer Kolonie kennen einander genau und haben ein gutes Gedächtnis dafür, wer ihnen schon mal zu Hilfe gekommen ist.«[22]

Der Wiener Professor Wuketits bezeichnet Rücksichtnahme und Altruismus als eine Kerneigenschaft vieler tierischer Arten und auch des Menschen und sagt, der wahre Egoist sei immer altruistisch, weil er begriffen habe, dass er zur Befriedigung seiner Bedürfnisse auf andere angewiesen sei.

Schlussendlich finden wir bei Peter Hahne das schlichte christliche Denken, das die Kategorien Gut und Böse, Richtig und Falsch bedient. Der einzig vernünftige Satz in seiner grotesken Schrift lautet: »Die wichtigste Unterscheidung, die der Glaube macht, ist nämlich die zwischen Gott und Mensch.«[23]

Das kann man gelten lassen, wenn man auch nicht unbedingt das Wort Gott bemühen muss, um sich klarzumachen, dass es etwas Größeres als den Menschen gibt. Man könnte ebenso die Existenz, die Natur oder das Leben wählen.

Denn am lieben Gott ist immer ein dicker Haken dran: Wenn er selbst »der höchste Norm-Geber und Richter« wäre, für den Hahne ihn ausgibt, dann könnte man damit leben. Aber es sind stets Menschen, die die Worte Gottes formulieren, interpretieren und predigen.

Eine Werteinstanz über dem Menschen kann also auch der Glaube nicht bieten. Da treffen wir lediglich auf selbstsicher scheinende, aber in Wahrheit zutiefst unsichere Prediger, die durch Gefolgschaft ihre eigene wackelige Identität stützen wollen. Das ist nämlich der Kern jeden Glaubens, der sich in einer Missionierung offenbart. Es darf keine Ungläubigen geben, keine lebenden Zweifel für den Gläubigen. Er glaubt, als ob er wüsste, nicht, als ob er glaubt.

Die neue Sehnsucht nach den guten alten Werten

Werteleim: *Schleimige und klebrige verbale Flüssigkeit, die in hohlen Reden ausgestrichen wird und dem Fang argloser Wertegläubiger dient.*

Allenthalben ist innerhalb der gesellschaftlichen Testveranstaltung namens Wertediskussion die Rede vom Verfall der guten alten Werte. Hören wir uns solch eine mit Vehemenz vorgetragene Stellungnahme aus einer TV-Sendung, dem *Philosophischen Quartett*, im Originalwortlaut an:

Ich glaube, dass die Fundamente dieser Gesellschaft in einem Maße ins Schleudern geraten sind oder in Vergessenheit geraten sind oder weggelacht worden sind, das bedrohlich ist für die Zukunft des Landes. Alle. Nicht irgendeiner besonders.[24]

Alarm! Die Werte sind weg! *Alle!* Sie sind weggelacht worden! Das Fundament der Gesellschaft hat sich aufgelöst!

Dieser Unsinn wird im Ton größter Besorgnis und mit dem Ausdruck tiefster Ernsthaftigkeit vorgetragen, und keiner der drei übrigen Anwesenden bricht in Heiterkeit aus.

Man könnte sich natürlich weglachen angesichts der Vorstellung, Fundamente ließen sich weglachen, fortschleudern oder vergessen, wenn es denn wirklich Fundamente wären. Was will diese Rede dann? Sie stellt einen Versuch dar, das

Rad der Entwicklung zurückzudrehen, indem die Tauglich-
keit überkommener Werte beharrlich behauptet wird, und sie
dient dem egoistischen Interesse – wie sich noch herausstel-
len wird –, sich vor Veränderungen zu schützen.

Der neue Ruf nach alten Werten verhallt indes nicht un-
gehört, er wird gegenwärtig von der Öffentlichkeit wahrgenommen, weil die Verunsicherung der Menschen zunimmt.
Was die Zukunft bringen wird, wie hoch die Zahl der Arbeitslosen sein wird, wie die weniger werdende Arbeit verteilt wird,
wie die Wirtschaft sich entwickeln wird, wie die demogra-
fische Entwicklung sich auswirken wird, ob das Rentensys-
tem womöglich zusammenbricht, ob die Gesundheitsversorgung eingeschränkt wird – der Zweifel sind viele, und das
Bedürfnis nach »Unbezweifelbarem«, nach scheinbar verlässlichen Werten, nimmt zu. Was liegt näher, als sich auf die
guten alten Werte zu berufen?

Um in den anstehenden Veränderungen die eigenen Interessen unterzubringen, versuchen konservative Kreise der Gesellschaft gegenwärtig, die Vorstellungen zu manipulieren,
die sich Menschen von den gesellschaftlichen Zusammenhängen machen. Sind erst mal Begrifflichkeiten wie beispielsweise der Wert der Bescheidenheit in den Köpfen der Menschen etabliert, fällt es hernach leichter, den Zuhörern die
Unschuld zu rauben. Denn haben sie erst einmal dem Wert
zugestimmt, können sie sich der anschließend als zwingend
dargestellten Maßnahme oft nicht mehr verschließen. Be-
scheidener zu sein bedeutet dann beispielsweise, weniger für
sich selbst zu wollen.

Bezogen auf die Krankenversicherung gelingt es den im
Gesundheitswesen Aktiven bisher sehr gut, die eigenen Interessen hinter solchen Worthülsen zu verbergen. Stetig werden die Beiträge erhöht, während gegen Verschwendung im

Gesundheitswesen (Fachleute schätzen diese auf etwa 40 Milliarden Euro jährlich) und stetig exorbitant steigende Medikamentenkosten nichts unternommen wird. Da ist von Bescheidenheit nicht die Rede, da darf zugelangt werden.

Was in der Vergangenheit einmal funktionierte, soll heute wieder die Rettung bringen: Wir müssen den Gürtel eben enger schnallen, uns an die alten Tugenden erinnern, die Ärmel hochkrempeln. Als ob die gegenwärtige wirtschaftliche Situation auf Faulheit zurückzuführen wäre!

Repräsentanten der guten alten Werte

In Wuppertal ermittelt die örtliche Staatsanwaltschaft seit 1996 gegen 1.485 Personen wegen des Verdachts auf Korruption.

Fast die Hälfte von ihnen sind Beamte, Kirchenleute, Politiker.[25]

Doch was liegt in Momenten der allgemeinen Verunsicherung näher, als sich an die gute alte Zeit zu erinnern, als Vollbeschäftigung bestand und beinahe jeder eine grundlegende materielle Sicherheit genoss. Es ist durchaus geschickt, die Idee zu verbreiten, man könne dorthin zurückkehren. Mit Fleiß und Disziplin zurück ins Wirtschaftswunder! Mit Ordnung und Bescheidenheit zu neuem Wohlstand!

Was für naive Vorstellungen angesichts der globalen Umwälzungen, von denen wir betroffen sind! Oder besser: Welch geschickte Propaganda!

An diesem Punkt wird wieder einmal deutlich, dass ein Wert vor allem dazu dient, eine Vorstellung zu entfachen, die Vorstellung nämlich, er – der Wert – werde es richten. Die

Eigenverantwortung wird es tun! Das Pflichtbewusstsein wird es schaffen! Nur Bescheidenheit wird uns retten! Fleiß bringt uns nach vorne!

Magisch leuchten die alten Werte auf und versorgen die Menschen mit nichts anderem als hehren Vorstellungen und heißer Luft.

So wird gegenwärtig im Namen der guten alten Werte gelogen und betrogen, was das Zeug hält. Jede gesellschaftliche Gruppe versucht, mit den entsprechenden Werten auf ihrer Fahne einen Blumentopf zu gewinnen und ihr Schäflein ins Trockene zu bringen.

Für Politiker bedeutet das: Sie wollen den Eindruck erwecken, die Lage im Griff zu haben und die anstehenden Probleme lösen zu können. Natürlich hat die Politik – wie jede andere gesellschaftliche Gruppe – keinen Überblick über die Gesamtgesellschaft, sonst könnte sie Probleme rechtzeitig lösen, anstatt auf schon stattgefundene Entwicklungen zu reagieren und lediglich nachzubessern. Die Politik ist wie jedes soziale System in erster Linie mit sich selbst und den eigenen Interessen befasst.[26] Ein gutes Image haben und wieder gewählt werden, das sind im Wesentlichen die Interessen eines Politikers, neben solchen Kleinigkeiten wie Macht und einer materiell blendenden Versorgung. Gut dazustehen in Bezug auf Werte macht es für Politiker erforderlich, sich für *alle möglichen Werte* zuständig zu erklären und sich auf diese zu berufen. Dazu gehören auch die sogenannten guten alten Werte.

Für Unternehmer bedeutet das: den Eindruck zu erwecken, dass sie eine unternehmerische Verantwortung für die Gesellschaft übernehmen und alles tun, um Arbeitsplätze zu sichern. Sie berufen sich auf Fleiß und Bescheidenheit und fordern, die Lohnkosten zu senken, während sie jede Gelegenheit nutzen, Gewinne in nie gekannter Höhe einzufahren.

Für Manager bedeutet das: Ähnlich wie Unternehmer beschwören sie ihr Engagement für Arbeitsplätze und Aktionäre, während sie ihre eigenen Bezüge von Jahr zu Jahr erhöhen und vor allem am Abbau von Arbeitsplätzen verdienen.

Für Arbeitnehmer bedeutet das: Sie suchen soziale Absicherung. Wer ihnen überzeugend sichere Arbeitsplätze verspricht, dem gehen sie auf den Leim, auch wenn es diesmal die eine und das nächste Mal die andere Partei ist. Von Kündigung und sozialem Abstieg bedroht, sind sie bereit, an die alten Werte zu glauben und sich ängstlich anzupassen.

Für die Kirchen bedeutet das: Sie nutzen die aufkeimenden Ängste der Menschen, um sich wieder mehr Einfluss in der Gesellschaft zu verschaffen. Durch Gebet und Gottesfurcht im Schoße einer Gesellschaft der Gläubigen werden Sinn und Geborgenheit versprochen.

Jede dieser gesellschaftlichen Gruppen beruft sich gegenwärtig auf die guten alten Werte. Denn diese vermitteln angeblich die dringend benötigte Orientierung.

WIR FLEHEN: BITTE GEBT UNS ENDLICH ORIENTIERUNG!

In Zeiten gesellschaftlicher Umwälzungen werden unvermeidbar Unsicherheiten geweckt. Hieran lässt sich nichts Falsches finden. Wer sich umstellen muss, der tut gut daran, seine bisherigen Denk- und Lebensweisen anzuzweifeln und zu hinterfragen. Würde er an ihnen festhalten, wäre keine Änderung möglich. Deshalb gehören Phasen des Zweifels und der Unsicherheit, ja auch der Krise, selbst wenn sie sich nicht gut anfühlen, zu jeder wichtigen Veränderung untrennbar dazu. Ich habe das in meinem Buch *Das Leben lässt fragen, wo du bleibst - Wer etwas ändern will, braucht ein Problem* ausgeführt.

Doch anstatt nun auszurufen: »Gut, dass wir zweifeln - lasst es uns gründlich tun, damit wir etwas Neues schaffen können!« und eine Lanze für die Unsicherheit zu brechen, wird den Menschen fehlende Orientierung attestiert. Von der fehlenden Ausrichtung wird derzeit so oft und so viel geredet, dass man in schwachen Stunden dazu neigen mag, sich für ein Opfer der Gegenwart zu halten. Angeblich schwanken die Menschen orientierungslos durchs Leben. Keiner sage ihnen, wo es langgeht, und sie seien unfähig, das selbst herauszufinden. Es wird sogar kühn behauptet, mit der Freiheit seien die meisten Menschen überfordert. Deshalb bräuchten sie wieder den Halt, den die guten alten Werte ihnen einst gaben.

Damals war alles viel besser. Da wusste jeder, wo er hingehörte - das wird zumindest behauptet. Doch schauen wir uns den Wert der alten Werte und die von ihnen gnädig gewährte Orientierung etwas genauer an. Dazu sollten wir uns gedanklich auf ein Experiment einlassen.

Stellen Sie sich Ihr gegenwärtig ach so orientierungsloses Leben bitte für einen Moment als ein Haus vor, in dem Sie zweifelnd umhergehen. Durch ein Fenster können Sie in das Nachbarhaus blicken, das den Namen »1965« trägt und in dem Szenen der guten alten Zeit ablaufen.

In diesem Haus lebt eine »gesunde« Kleinfamilie: Papa, Mama und zwei Kinder. Was spielt sich im Einzelnen ab? Dort wird gegessen, was auf den Tisch kommt. Es wird nicht gekrümelt. Die Kinder haben den Mund zu halten, wenn die Erwachsenen reden. Der Vater genehmigt sich ein Bier und

Gemeinwohl

Abb. 2
Die gute alte Zeit:
Als jeder noch wusste, wo er hingehörte, und als das Dienen
noch hoch im Kurs stand.

stellt den Fernseher an. Die Mutter räumt den Tisch ab. Die
Kinder müssen aufs Zimmer. Bei Widerworten setzt es eine
Ohrfeige oder eine Tracht Prügel, das verschafft zusätzliche
Orientierung. »Solange du deine Füße unter meinen Tisch
streckst, tust du, was ich will«, herrscht der Vater bei man-
gelndem Respekt. Die zukünftigen Berufe der Kinder haben
die Eltern längst schon ausgesucht. Der Junge wird Bäcker,
das Mädchen Friseurin. Auch wenn die Kinder fast schon
erwachsen sind, müssen ihre Liebhaber dennoch abends um
acht Uhr das Haus verlassen. Die 20-Jährigen können nicht

ausziehen, denn eine Wohnung bekommen nur Verheiratete. Dann ist ungewollt ein Kind unterwegs. Nun wird sofort geheiratet. Die Ehefrau möchte gern einer Arbeit nachgehen, aber der Mann stimmt dem nicht zu, also muss sie zu Hause bleiben. Sonntags geht es in die Kirche.

In diesem Haus ist kein Platz für Zweifel. Man bekommt stattdessen eine feste, verlässliche Orientierung geboten.

Und nun, werte Leserin, werter Leser, fragen Sie sich, ob Sie bereit sind, in diese von starker Orientierung und gelebten alten Werten geprägte Welt einzutreten, um dort Ihr Leben zu verbringen. Sie zögern? Nur zu, Halt macht glücklich! Worauf warten Sie?

So simpel ist das mit der Orientierung nicht. Die Wahrheit lautet schlicht und einfach: Jeder mag sich Orientierung wünschen, aber kaum jemand mag sie sich in der Art vorgeben lassen, wie es »damals«, als die gepriesenen alten Werte noch Gültigkeit beanspruchten, gängig war. Orientierung zu geben im Sinne alter Werte kann unter heutigen Umständen noch mehr als damals nur eines bedeuten: Bevormundung.

Die Idee, Menschen Orientierung *geben* zu können, so wie man ihnen einen Laib Brot geben kann, ist zutiefst einfältig. In der heutigen Welt kann niemand einem anderen Orientierung fürs Leben geben. Dazu müsste man die Gesellschaft in unvorstellbarem Ausmaß vereinfachen, erst dann wäre für Bedingungen gesorgt, die es erlaubten, die Individualität einzuschränken, um auf diese Weise Menschen zu formen, die sich sagen ließen, wo es für sie langgeht.

Unter den gegebenen Umständen – die Gesellschaft wird täglich komplexer, das zur Verfügung stehende Wissen verdoppelt sich im Laufe weniger Jahre – kann man die Vorstellung, in irgendeiner Form Orientierung verteilen zu können, ohne Übertreibung als Wahnvorstellung sehen. Die Menschen werden sich heute und zukünftig ihre Orientierung selbst suchen, und sie sind durchaus fähig dazu. Was sie von Politikern brauchen, um das effektiv zu gestalten, sind klare gesellschaftliche Regeln und nicht ein Paket von Werten.

DER VERTEUFELTE INDIVIDUALISMUS

Es liegt in der Logik der Sache, dass im Zusammenhang mit der Beschwörung alter Werte der zunehmende Individualismus verteufelt wird. Angeblich sind wir alle brutale Egoisten geworden, denen neben dem eigenen Befinden nichts mehr heilig ist. Früher, so heißt es verklärend, da waren die Menschen noch dem Allgemeinwohl verpflichtet. Da war das Unternehmen eine große Familie und der Chef ein zweiter Papa. Damals kam die Gemeinschaft vor dem Individuum, wird behauptet; und das war gut so. Deshalb müsse der Individualismus eingeschränkt werden.

Wer derart gegen den Individualismus argumentiert, macht es sich zu einfach. Er erspart sich das Nachdenken darüber, wie eine differenzierte Gesellschaft eigentlich funktioniert.

Eine differenzierte Gesellschaft ist dadurch charakterisiert, dass sie sich in unzählige Untersysteme aufteilt. Dabei ist das Wort »unzählig« wörtlich zu nehmen. Die gesellschaftliche Kommunikation ist heute derart komplex, dass niemand – kein Mensch und keine Organisation – in der Lage ist, sie auch nur annähernd zu überblicken. Wer an dieser unendlich vielschichtigen Kommunikation teilhat, hat immer nur einen winzig kleinen Ausschnitt aller gegenwärtig stattfindenden Interaktionen vor Augen.

Ein übergeordneter Standpunkt, von dem aus Orientierung vergeben werden könnte, ist unter diesen Umständen nicht zu erlangen. (Oder weiß jemand, was in diesem Augenblick, da er oder sie dieses Buch liest, in der Politik, in den Unternehmen, in der Justiz, der organisierten Kriminalität, an der Börse oder im Politbüro Chinas, im Kopfe des Ehepartners oder sonst wo gerade ausgeheckt wird?)

Betrachten wir das von der praktischen Seite. Als Beispiel dafür kann jedes gesellschaftliche Subsystem dienen, wählen wir einfach den Bankbereich. Dieses Feld ist – wie alle anderen – ungeheuer spezialisiert. Es gibt dort Dutzende verschiedener Funktionen und Berufe: Berater, Verwalter, Manager, Verkäufer, Kreditspezialisten, Aktienspezialisten, Fondsspezialisten, Immobilienspezialisten, Buchhalter, Konkursspezialisten und so weiter und so fort. Nicht anders sieht es in den übrigen gesellschaftlichen Unterbereichen aus, etwa dem Gesundheitssystem, der Wissenschaft, dem Schulsystem et cetera.

Konnten sich die Menschen vor gar nicht allzu langer Zeit auf einige Dutzend Berufe konzentrieren und dementsprechend leicht orientiert werden (Dein Großvater war Schmied, dein Vater ist Schmied, und du wirst auch Schmied!), steht ihnen heute die Wahl zwischen Zehntausenden von Berufen offen. In diesem Chaos werden Menschen gebraucht, die sich *selbsttätig* für eine Tätigkeit entscheiden, die sich *selbsttätig* dafür qualifizieren, sich *selbsttätig* darin entwickeln und die sich für all das *selbstständig* motivieren.

Natürlich könnte man den Menschen auch vorschreiben, was sie zu tun haben, aber dieses Experiment gilt seit dem Zerfall der sozialistischen Staaten als endgültig gescheitert. Eine Planwirtschaft kann der gesellschaftlichen Komplexität nicht gerecht werden.

Die Gesellschaft braucht also unzählige *unterschiedliche* Menschen, um ihr Funktionieren sicherzustellen. Diese Un-

terschiedlichkeit und den zunehmenden Wert, der darauf gelegt wird – und gelegt werden muss –, bezeichnen wir mit
dem Begriff der Individualität.

Ein ausgeprägter Individualismus – mit all seinen Rand-
und Nebenerscheinungen – ist kein Unglück, sondern Bedingung dafür, dass komplexe Gesellschaften überhaupt funktionieren können. Die Individualität hat inzwischen sogar in
der Liebe das Rollenverhalten abgelöst, was ich in meinem
Buch *Und sie verstehen sich doch!* ausführlich erläutert habe.

Wer die immense Bedeutung der Individualität für die
heutige Gesellschaft nicht begreift, der mag von der guten
alten Zeit träumen und der unsinnigen Idee anhängen, irgendwer könnte irgendwem Orientierung verschaffen.

Die Entwicklung zu mehr Individualität bringt neben den
wachsenden Wahlmöglichkeiten und den damit zusammen-
hängenden Unsicherheiten auch ein größeres Maß an Freiheit mit sich, auf das heute kaum noch jemand verzichten
möchte. Wer will sich seine soziale Stellung, seine Religion,
seine berufliche Tätigkeit oder die Beziehungsform, in der er
liebt, vorschreiben lassen? Niemand, und deshalb kann Professor Kurt Bayertz mit Recht sagen:

*Wir leben in einer Gesellschaft, die dem Individuum in einem un-
geheuren Maße Freiheit zubilligt. Das ist ein großer Fortschritt.*[27]

Auch die moderne Mär vom liebesunfähigen und darum ein-
samen Individuum kann man getrost vergessen. Denn der
individualisierte Mensch benötigt ganz entgegen den gängigen Behauptungen nicht weniger, sondern mehr und inten-
sivere Liebe als jemals zuvor. Auch darauf bin ich im zuvor
genannten Buch *Und sie verstehen sich doch!* ausführlich
eingegangen.

Wir brauchen den Individualismus, auch wenn er natürlich seine eigenen Probleme mit sich bringt. Auf ihn könnte
nur verzichtet werden, wenn sich die Gesellschaft – beispielsweise aufgrund von Kriegen, wirtschaftlichen Zusammenbrü-
chen oder anderen extremen Notsituationen – quasi zurück-
entwickeln und einen Großteil ihrer Komplexität einbüßen
würde. Ein Szenario, das übrigens nicht völlig undenkbar
ist.

DIE VERKLÄRTE FAMILIE

Zu den guten alten Werten gehört auch die gute, alte, glück-
liche Familie. Angeblich feiert sie ihre Wiederauferstehung.
Ihre Verklärung zu einem Ort des sozialen Friedens und der
Sicherheit fällt umso leichter, je mehr Angst bezüglich der
sozialen Verhältnisse aufkommt.

Da wäre beispielsweise die Angst vor Altersarmut, die
aufgrund der demografischen Entwicklung leicht heraufzu-
beschwören ist. Angeblich stehen wir vor einer völligen
Vergreisung der Gesellschaft, ja es scheint gar, dass die abend-
ländische Kultur langfristig Gefahr läuft, mangels Nachkom-
menschaft unterzugehen.

Abgesehen davon, dass es Greisen ziemlich gleichgültig
sein dürfte, was nach ihrem Tod mit der abendländischen
Kultur geschieht, stellt das Beklagen der Kinderarmut ein
Wertzitat dar, das die Familie rekonstruieren möchte. Deshalb
wird betont, dass dort mehr Kinder geboren werden, wo
Frauen nicht arbeiten gehen.

Bildung und Beruf, das zeigen die Statistiken klar und
deutlich, sind die wesentlichsten Hemmschuhe für einen
breiten Kindersegen. Man bräuchte also lediglich Frauen den
Zugang zu beiden zu verschließen – so wie das in den guten

alten Zeiten der Fall war, als die Familie noch »funktionierte«.
Da dies aber nicht mit Gewalt durchzusetzen ist, wird getestet, ob es über eine Idealisierung der Familie, über die Betonung des Wertes Familie möglich ist. Eva Herman lässt grü-
ßen...

Familie

Es ist die Frau, die in Wahrnehmung ihres Schöpfungsauftrages
die Familie zusammenhalten kann.[28]
Die ehemalige Nachrichtenvorleserin Eva Herman,
in vierter Ehe (!) verheiratet, demnach (bisher) drei Mal ge-
schieden.

Die Idealisierung der Familie ist indes nichts Neues, und sie
ist ein typisch bürgerliches Phänomen. Die Familie hat für
die Gesellschaft nämlich nie die Rolle gespielt, die ihr das
Bürgertum stets angedichtet hat – von wegen Basis der Gesellschaft. Ob solcher Darstellungen muss man sich fragen,
wie die Gesellschaft trotz der Tatsache überleben konnte, dass
selbst in den Hochzeiten der Großfamilie lediglich 35 Prozent der Bevölkerung in ebendiesen großen familiären Strukturen lebten. Den überwiegenden Anteil machten Soldaten,
Lehrerinnen (die, wie alle besitzlosen Stände, über Jahrhunderte hinweg nicht heiraten durften!), Alleinstehende, Dienst-
boten et cetera aus. Auch heute ist die Familie lediglich *eine*
Lebensform unter anderen, und für die Wissenschaft fängt
eine Familie mittlerweile dort an, wo ein Kind lebt.

Nun also steht die Familie vor ihrem Ende, weil die Ego-
istengeneration in den Zeugungsstreik getreten ist, und mit
ihr wird unsere Gesellschaft untergehen! Kinder müssen her!

Betrachtet man die gegenwärtige Diskussion, zeigt sich, wie geschickt sich Leute auf Werte berufen, um Frauen dazu zu bringen, mehr Kinder in die Welt zu setzen, zu Hause zu bleiben und den Haushalt zu versorgen. Nebenbei bemerkt: Meist stammen diese Aufrufe von Männern, die selbst mit der Kindererziehung nicht viel zu tun haben wollen.

Was also steckt hinter der Beschwörung der Familie? Zum einen der Wunsch konservativer Kreise, ihre brüchig gewordene Identität zu festigen. Aber etwas anderes scheint wichtiger: Wenn man genau hinhört, fällt auf, dass die Familie in erster Linie als sogenannte »Verantwortungsgemeinschaft« beschworen wird. Das heißt unter anderem, dass soziale Lasten vom Staat auf die Familie verlagert werden sollen. In Zukunft sollen Arbeitnehmer für ihre Eltern aufkommen, wenn diese arbeitslos werden und wenn sie pflegebedürftig sind natürlich auch, für die eigenen Kinder sowieso. Dann ist der Staat von Ausgaben entlastet und kann, ganz im Sinn der Kreise, die die Familie als Wert beschwören, die Belastungen für Wohlhabende weiter verringern. Denn wenn es nicht gelingt, mehr Kinder in die Welt zu setzen, wird sich die Gesellschaft früher oder später Gedanken darüber machen müssen, ob der gesellschaftliche Reichtum anders verteilt werden muss, sprich: die Steuern erhöht werden müssen.

HILFE, DIE LIEBE IST IN GEFAHR!

Die Forderungen nach mehr Nachwuchs werden mit der Behauptung aufgebauscht, den Menschen würde mit den Kindern zugleich auch die *Liebe* abhanden kommen. Das ist ein schweres Geschütz, denn Liebe gilt als hoher Wert. Ich habe inzwischen mehrere TV-Diskussionen zum Thema verfolgt, in der Teilnehmer unwidersprochen behaupten konnten, die

Gesellschaft leide am Verlust von Liebe, der Beweis dafür sei im Rückgang der Geburten zu finden. Eine Gesellschaft ohne Kinder wäre eine Gesellschaft ohne Liebe, eine seelenlose Gesellschaft, eine zutiefst egoistische Gesellschaft.

Das ist ein Paradebeispiel für die Verklärung und das Aufblasen von Werten. Als ob es jemals andere als rein egoistische Gründe dafür gegeben hätte, Nachkommen zu zeugen! In Gesellschaften, in denen viele Kinder geboren werden, geschieht das nicht aus Liebe, sondern aus Gründen der sozialen Vorsorge. In allen armen Ländern der Welt ist die Altersversorgung nur über Kinder gewährleistet. Deshalb werden überall dort, wo der Staat die Altersvorsorge organisiert, weniger Kinder gezeugt.

Die Liebe zum Kind war nie ein Motiv dafür, möglichst viele Kinder zu haben. Dass es auch heute nicht um die Kinder und nicht um die Liebe geht, wird deutlich, sobald in den gängigen Diskussionen – und das dauert nie lange – folgendes Argument nachgeschoben wird: »Wer soll denn unsere Rente zahlen?« Mit Liebe hat das nichts zu tun, eher mit Angst vor dem Alter.

So ist die Ursache für den Kinderrückgang weder in fehlender Liebe noch in Gottlosigkeit zu sehen. Prof. Dr. Hans Bertram, Familiensoziologe an der Humboldt-Universität Berlin, erstellte für die Bundesregierung ein Gutachten zum Thema. Darin kommt er zu dem Schluss, der Grund für den Rückgang der Geburten sei in den Versäumnissen zu sehen, auf den Wertewandel in den Lebensentwürfen junger Menschen nicht reagiert zu haben.

Junge Frauen wollen sehr viel stärker unterschiedliche Lebensbereiche miteinander verknüpfen. Sie wollen Beruf und Familie ...
Einige Länder wie Deutschland, Österreich und die Schweiz

haben auf diese Konzeption des doppelten Lebensentwurfes
nicht reagiert.[29]

Andere Länder haben reagiert, und deren Geburtenrate liegt
wesentlich höher. Anstatt nun den Frauen nahezulegen, sie
sollten zu Heim und Herd zurückkehren, könnte man ebenso
dafür sorgen, dass sie Beruf und Familie miteinander vereinbaren und damit ihren eigenen Interessen gerecht werden
können. Frauen sind nämlich immer weniger bereit, den
Preis für Kinder fast zur Gänze allein zu bezahlen.

Indes kann niemand voraussehen, ob das Wohl der Gesellschaft zukünftig nicht vielleicht davon abhängt, dass
sich die Zahl der Menschen verkleinert. Bevölkerungsrück-
gang könnte geradezu eine Bedingung zukünftigen Wohler-
gehens sein. Denn was sollen die vielen Kinder in Zukunft
eigentlich arbeiten? Angesichts einer Zukunft, von der Wis-
senschaftler sagen, in ihr würde der Mensch aus der produk-
tiven Arbeit ebenso vollständig verschwinden wie das Pferd
aus der Landwirtschaft, scheint es völlig absurd, mehr Kinder zu fordern.

Natürlich wird die Gesellschaft das Problem der auf dem
Kopf stehenden Bevölkerungspyramide bewältigen müssen.
Dazu werden sich neue Lebensformen entwickeln; sie deuten
sich bereits an. Das Ende der Liebe und der Familie, da
braucht sich niemand zu sorgen, wird diese Entwicklung jedenfalls nicht bedeuten. Dazu sind wir Menschen zu sehr
auf die Liebe und den Kontakt zu vertrauten Menschen angewiesen.

DIE ERSEHNTE WIEDERAUFERSTEHUNG
CHRISTLICHER WERTE

Wenn sich das Karussell traditioneller Werte so rasant dreht,
wie es gegenwärtig der Fall ist, springen auch Christen gern
und bereitwillig auf. Schließlich wurde das Grundgesetz nach
kirchlicher Meinung im Wesentlichen aus den zehn Geboten
abgeleitet, und Christen betrachten sich schon seit Jahrhunderten als Wahrer der Grundwerte westlicher Kultur.

Welche Werte beanspruchen Christen für sich? Dazu zählen so hehre Dinge wie Mitgefühl, Nächstenliebe, Ehrlichkeit,
Gottesfürchtigkeit, allen voran aber steht die Menschlichkeit.
Der Mensch trage Gott in sich, wird gesagt, deshalb sei die
menschliche Würde unantastbar. Man braucht gar nicht in
die Geschichte (ins Mittelalter zum Beispiel, auf die Kreuz-
züge und die Inquisition) zu schauen, um die Fragwürdigkeit
solcher unantastbaren Vorstellungen und »Handlungsanleitungen« zu erkennen.

Werfen wir stattdessen einen Blick in die USA, das Land,
in dem sich 90 Prozent der Bevölkerung als christlich bezeichnen und in dem ein durch den Herrn höchstselbst vom
Alkohol geläuterter, christlicher Präsident durch christliche
Wähler ins Amt gehoben wurde. Einer der christlichsten Bun-
desstaaten dieses christlichen Landes ist Texas. Dort warteten
im Jahr 2005 in der »Allan B. Polunski Unit«, dem Hochsi-
cherheitstrakt des Gefängnisses von Livingston, über 450
Menschen auf ihre Hinrichtung, manche davon bereits seit
zwanzig Jahren.

*Die mehr als 450 Todeskandidaten leben in Isolationszellen von
jeweils nicht einmal sechs Quadratmetern. Tageslicht dringt
nur durch einen handbreiten Schlitz unter der Decke zu ihnen;*

*alles, was die Gefangenen noch von draußen sehen, ist ein
kleines Stück Himmel – wenn sie sich auf die Zehenspitzen stellen. Sonst haben sie gar nichts zu tun: Sie dürfen nicht arbeiten und keinen Sport treiben, nicht fernsehen und nicht mehr
besitzen, als in eine kleine Kiste passt. Zur quälenden Langeweile
gesellt sich die Einsamkeit: Mit Mitgefangenen können sich
die Insassen nur durch Klopfzeichen verständigen oder indem
sie sich an die Zellentür pressen und sich anbrüllen. Die größte
menschliche Nähe ist für viele die Hand, die dreimal täglich
Essen durch eine Klappe in der Tür schiebt.*[30]

Gottes Werte sind die besten

Die Rede von den Werten ist letztlich unmoralisch, weil sie
selbst schon Ausdruck eines pervertierten, ökonomisierten Welt-
und Lebensverständnisses ist.

Die Rede von den Werten soll nämlich letztlich die Rede von
Gott ersetzen.

Kirchenrat Gerald Scheil[31]

Das ist gelebte Menschlichkeit, das ist wahre Nächstenliebe
und gelebtes Christentum! Zwar soll der Mensch nicht nehmen, was der Herr gegeben hat (zum Beispiel das Leben),
aber... Wie ein jeder weiß, sind der Ausnahmen viele.

Wie kann man sich Derartiges erklären? Wenn schon Menschen im Namen des Gesetzes und im Namen Gottes umgebracht werden, wäre es ein Zeichen minimalen Anstandes,
ihnen bis zu ihrem gewaltsamen Ende ein menschenwürdiges Leben zu ermöglichen. Doch das steht ihnen nicht zu.
Wie können sich amerikanische Christen angesichts solcher
öffentlich geforderten und allgemein gebilligten Praktiken

dennoch als vom Wert der Menschlichkeit geleitet ansehen? Ganz einfach: indem sie den Verbrecher zum Unmenschen erklären.

Christen können sich also offensichtlich ebenso wenig an die von ihnen gefeierten Werte halten wie andere Menschen auch. Dennoch fühlen sie sich immer richtig orientiert, gleichgültig, ob sie Atombomben auf ein schon zerstörtes Land abwerfen, millionenfach als Spielzeug getarnte Personenminen in Dritte-Welt-Länder verkaufen oder selbst dort abwerfen, Schwarze und andere Minderheiten diskriminieren oder anderes Unchristliches tun, das mit Hinweis auf Nächstenliebe nicht zu rechtfertigen ist.

Aber Christen fühlen sich schon deshalb immer orientiert, weil sich stets eine Stelle in der Bibel oder in den zahlreichen anderen christlichen Schriften findet, auf die sie sich berufen können. So lässt sich selbst fragwürdigstes Handeln rechtfertigen, denn neben »Auge um Auge, Zahn um Zahn« gilt auch »Wer dir auf die rechte Wange schlägt, dem halte die linke hin« – und je nachdem, was gebraucht wird, kann man das eine oder andere unter Berufung auf heilige Schriften tun.

Konfusion um christliche Werte

Worin denn ihre Werte bestehen, wissen Christen meist selbst nicht. Ursula von der Leyen, deutsche Familienministerin und Mitglied einer christlichen Partei, beweist auf einer Pressekonferenz, wie wenig auch sie von christlichen Werten versteht. Sie meint allen Ernstes:

Christliche Werte wie Verlässlichkeit, Hilfsbereitschaft, Respekt und Gerechtigkeit sind die Basis unserer Gesellschaft.[32]

Gott liebt alle seine Kinder

Strenggläubige Juden haben aufgrund der Ankündigung von Homosexuellen, in Tel Aviv Straßenparaden abzuhalten, die Forderung aufgestellt, Kopfgelder für die Tötung der Homosexuellen auszusetzen.

Da kann man eigentlich nur lachen, wenn man nicht weinen möchte. Die zitierten Werte sind nämlich keinesfalls spezifisch christlich, sie sind in den unterschiedlichsten Kulturen zu finden. Die zentralen christlichen Werte sind vielmehr *Nächstenliebe* und vor allem – man höre und staune – *Feindesliebe*! Aber wer hat schon mal einen Christen getroffen, der seine Feinde liebt?

So gehören Ursula von der Leyens Worte in den Bereich der üblichen Wertmanipulationen, mit denen bestimmte Interessen, in diesem Fall die Scheinreformen einer politischen Partei, vertreten werden.

Der hohe Wert des Dienens

In der Wertediskussion wird zunehmend ein weiterer Aspekt betont, der angeblich christlichen Ursprungs ist, und das ist das *Dienen*. Da sitzen die Werteprediger in den Talkshows – allesamt Leute, die gute und sichere Jobs haben und sehr viel Geld verdienen – und huldigen mit glänzenden Augen dem Wert der gemeinnützigen Arbeit. Die Gesellschaft sei darauf angewiesen, dass Menschen, die Zeit haben, ihre Kraft auch unentgeltlich zur Verfügung stellen.

Gemeint ist selbstverständlich, dass *andere* umsonst arbeiten sollen, man selbst hat ja keine Zeit übrig und hält fleißig die Hände auf. Bisher hat man nämlich nur in Aus-

nahmefällen von Abgeordneten gehört, die ihre Nebentätig-
keit für Konzerne und Verwaltungsräte unentgeltlich durchführen oder wohltätigen Zwecken spenden würden.

Christliche Orientierung

Von der Gemeindeverwaltung der katholischen Kleinstadt Black
Jack in Missouri wird gegen ein Paar (unverheiratet, drei Kinder,
seit 13 Jahren zusammenlebend) eine Strafe von wöchentlich
500 Dollar mit folgender Begründung verhängt:

»Sie verstoßen gegen unsere Wohnungsverordnung, die das
Zusammenleben von mehr als drei Menschen nur dann erlaubt,
wenn diese blutsverwandt, verheiratet oder durch Adoption
verbunden sind.«[33]

Auch unser Prediger Peter Hahne hält den Wert des Dienens
hoch. Diesbezüglich bezieht er vom lieben Gott nicht nur das
Vertrauen, sondern auch die ökonomische Weisheit, wie unsere Sozialsysteme zu retten sind:

*Wir schaffen die dringend benötigten und das Sozialsystem
rettenden Arbeitsplätze erst dann, wenn Dienen wieder zu einem
geachteten Wert wird. So entstand das Jobwunder in den USA.*[34]

In den USA steht das Dienen im Volk derart hoch im Kurs,
dass es Millionen Menschen nichts ausmacht, trotz zweier
oder mehr Jobs mit bis zu zwölf Stunden täglicher Arbeit
unter einer Brücke zu schlafen, weil sie sich von ihren Mi-
nilöhnen keine Wohnung leisten können. Das tun sie aber
gern, weil Dienen ihre wahre Bestimmung ist. Und angeblich

beklagt sich in den USA keiner dieser frommen Menschen, er
hat es ja so gewollt, oder vielmehr: Sein Gott hat es wohl so
gewollt.

Christliche Orientierung im Alltag
Man sieht – wir brauchen sie, die christlichen Werte, sonst
finden wir uns im Alltag kaum mehr zurecht. Wie solche
alltägliche Orientierung von christlicher Seite aussehen kann,
dafür gibt der katholische Pfarrer Franz Meurer, der auch
Eheberatung betreibt, ein eindrucksvolles Beispiel. Er beschreibt, was er einem Paar auf den Weg gab, das zu ihm
kam. Die Frau beklagte sich darüber, dass ihr Mann die Kinder nicht taufen lassen wolle.

*Da habe ich nach einer Stunde Zuhören gesagt: »So, wollt ihr
jetzt mal meine Meinung hören?« – »Ja.« – »Sie sind ein Dreck-
sack! Sie überlassen Ihrer Frau nichts, noch nicht einmal die
religiöse Erziehung!«... Die beiden sind mir heute noch dankbar.*[35]

Das ist sie, die christliche Orientierung. Mehr davon, Herr
Pfarrer. Sie wissen, wo es langgeht. Wie wäre es mit »Schlapp-
sack...gottloser Dummsack...«? Wir werden Ihnen ewig dankbar für Ihre erleuchteten Worte sein.

Christliche Werte aus höchstem Munde
Die christliche Wertebeschwörung ist selbstverständlich von
höchster Stelle initiiert und abgesichert. Niemand Geringeres
als der aktuelle Papst selbst liefert seinen Gläubigen die
grundlegenden Argumente; und deshalb beklagt auch er –
damals noch Kardinal – in einem Buch die allgemeine Orien-
tierungslosigkeit der Menschen:

*Insofern besteht die vom Marxismus hinterlassene Problematik
auch heute fort: die Auflösung der Urgewissheiten des Menschen
über Gott, über sich selbst und das Universum.*[36]

Ja, als die Menschen von der Aufklärung verschont und von
den Marxisten unverdorben waren, da verfügten sie noch
über unbezweifelbare Urgewissheiten. Da wussten sie über
Gott, sich selbst und das Universum vollkommen Bescheid –
weil sie den Priestern und Bischöfen und Päpsten glaubten
oder zumindest so tun mussten.

Inzwischen scheint es, dass viele Menschen trotz der Un-
gewissheit ihrer Existenz zu wenig Angst empfinden, um die
schlichten Wahrheiten der Kirchen zu übernehmen. Sie sind
offenbar in der Lage, auf die teilweise kindischen Urgewissheiten (Schöpfungslehre, scheinobjektive Auslegungen der
Bibel, Unfehlbarkeit des Papstes, jungfräuliche Empfängnis
und Ähnliches) zu verzichten, und können die Frage nach
dem Ursprung der Welt ganz einfach offen lassen. Ein Super-
gau für die Kirche!

Der Papst selbst zeigt derweil am Beispiel der Menschenwürde, wie man scheinbar absolute und damit angeblich un-
veräußerliche Werte postuliert, indem man sich auf Höheres
beruft:

*Diese allem politischen Handeln und Entscheiden vorange-
hende Gültigkeit der Menschenwürde verweist letztlich auf den
Schöpfer. Nur er kann Rechte setzen, die im Wesen des Menschen
gründen und für niemanden zur Disposition stehen.*[37]

Menschenwürde ist ein schönes Wort, aber eben ein Wort,
das Gott von Menschen in den Mund gelegt wird; und wenn
man sich die Praxis der auf christlichen Werten beruhenden

Gesellschaften ansieht, zeigt sich, dass sich im Grunde niemand daran halten will.

Menschenwürde

Seit 1973 stellte sich bei 122 zum Tode verurteilten Amerikanern im Nachhinein die Unschuld heraus[38] – eher durch Zufall übrigens als durch ernsthafte Nachforschungen. Die Dunkelziffer ist um ein Vielfaches höher.

Man hat bisher nichts davon gehört, dass der Papst die Abschaffung der Todesstrafe fordern würde.

Sogar der Papst selbst beschränkt den Wert der Menschwürde, indem er seinen Schäflein in Bezug auf das Töten von Menschen einen weiten Spielraum einräumt:

Nicht alle Fragen haben dasselbe moralische Gewicht wie Abtreibung und Sterbehilfe. Es mag selbst unter Katholiken eine legitime Meinungsvielfalt über das Führen eines Krieges und die Anwendung der Todesstrafe geben, aber nicht ... im Hinblick auf Abtreibung und Sterbehilfe.[39]

Krieg und Todesstrafe gehen beim Papst noch durch, Abtreibung und Sterbehilfe jedoch nicht. Denn wer für Abtreibung ist, der macht sich nach seinen Worten einer »Zusammenarbeit mit dem Bösen« schuldig. Deshalb plädierte er unlängst dafür, einem amerikanischen Politiker, der die Abtreibung befürwortet, die Kommunion zu verweigern. Dass er gefordert hätte, George W. Bush ebenso zu behandeln, davon hat man bisher nichts gehört.

Der Papst zeigt auch an anderer Stelle, dass er das Wertehüpfen vorbildlich beherrscht. In Bezug auf die Meinungsfreiheit betont er:

*Wo es aber um Christus und um das Heilige der Christen geht,
erscheint die Meinungsfreiheit als das höchste Gut, das einzuschränken die Toleranz und die Freiheit gefährden oder gar
zerstören würde. Meinungsfreiheit findet aber ihre Grenzen darin,
dass sie Ehre und Würde des anderen nicht zerstören darf.*[40]

Wenn er oder seine Priester Homosexuelle herabwürdigen,
indem sie deren Veranlagung als unnatürlich oder gar wider-
natürlich und pervers darstellen, fällt das selbstverständlich
unter den Schutz der Meinungsfreiheit und stellt keinesfalls
eine Ehrverletzung dar. Auch kann der Papst in aller Offenheit sagen, mit der Forderung nach einer homosexuellen Ehe
träte man »aus der gesamten moralischen Geschichte der
Menschheit heraus« und stünde »vor einer Auflösung des
Menschenbildes«.[41]

In Fragen der Werte zeigt sich die Kirche eben gerne flexibel. Wie aber will sie ihre guten uralten Werte in die Gesellschaft bringen? Auf die Frage, wie Kirchen dazu beitragen
können, dass bestimmte Werte an Bedeutung gewinnen, antwortet die Landesbischöfin der evangelisch-lutherischen
Kirche Hannover, Dr. Margot Käßmann:

*Dazu gehören natürlich Gottesdienst, Bildung in Schule, Kinder-
tagesstätten und Konfirmandenunterricht.*[42]

Wieso allerdings Gottesdienst und Konfirmandenunterricht
etwas Neues zur gesellschaftlichen Entwicklung beitragen
sollten, bleibt schleierhaft, schließlich hatten die Kirchen über

Jahrhunderte die Chance, den Sinn dieser Übungen zu bewei-
sen. Überhaupt scheint die Behauptung der Kirchen, Religion
sei auf dem Vormarsch, weil nach den alten Werten Bedarf
bestünde, ziemlich fragwürdig. Sie wird beispielsweise von
dem Religionswissenschaftler Volkhard Krech nicht geteilt:

*Zum Ersten ist zwischen der Rede über Religion und der religiö-
sen Praxis zu unterscheiden ... Festzustehen scheint mir, dass
Religion als Thema, als Sensation und als Gelegenheitsereignis
Konjunktur hat. Es mag sein, dass die ... jugendlichen Pilge-
rinnen und Pilger in Rom auf der Suche nach religiöser Gewissheit und Verbindlichkeit waren. Es mag aber ebenso gut sein,
dass sie ein »Event« gesucht und gefunden haben – gestern Lady
Di, heute der alte und der neue Papst, morgen wieder Madonna
und andere Popstars.*[43]

Die Kirche versucht indes, ihrer zunehmenden Bedeutungs-
losigkeit durch die Beschwörung christlicher Werte entge-
genzuwirken. Ihr ureigenstes Interesse dahinter ist die eigene
Existenz, die gewährleistet scheint, solange es genügend
Angst und Elend gibt und damit Menschen, die sich nach
Weisung sehnen.

HEUCHLER IN NADELSTREIFEN – DIE VERLOGENE ETHIK
DER UNTERNEHMEN

Es wundert nicht, dass Unternehmer und solche, die sich
dafür halten – in erster Linie Angestellte, die die Bezeichnung »Manager« tragen –, beim Wertekonzert in der ersten
Reihe mitspielen. Sie betonen Fleiß und Bescheidenheit und
verurteilen die angebliche Überversorgung im Sozialstaat wie
keine andere Gruppe.

Manager gehören damit zu den größten Blendern, die
sich in der Gesellschaft finden lassen. Sie brandmarken die
Habgier der unteren Klassen, die sich in angeblich massen-
haftem Sozialbetrug äußert. Gleichzeitig stieg das Einkommen der Top-30-Bosse im Jahr 2005 um 15 Prozent, das der
Arbeitnehmer aber nur um 1,3 Prozent. Wer lebt da eigentlich
im Sozialstaat?

Um ihre Privilegien zu rechtfertigen, berufen sich Manager auf die große Verantwortung, die sie angeblich auf ihren
Schultern tragen. Aber worin besteht diese tatsächlich? Der
Topmanager, der heute ein Unternehmen verlassen muss, weil
er Milliarden versenkt hat, steht morgen an der Spitze des
nächsten Konzerns. Beispiele dafür sind hinlänglich bekannt.

Um sich überhaupt noch auf irgendwelche Werte berufen
zu können, müssen sich Unternehmen in der Öffentlichkeit
zunehmend selbst als wertgebunden darstellen. Dazu haben
sie mehrere bunte Ballons aufgeblasen, allen voran den der
Wirtschaftsethik. Diese wird ganz unsentimental rein ökono-
misch begründet.

*In der Unternehmensethik geht es darum, wie Ethik unter
Bedingungen des Wettbewerbs zu einem Marktvorteil für Unternehmen werden kann.*[44]

Diese Begründung ist sehr aufschlussreich. Man kann sie
einfach umdrehen und dann zeigt sich, was die Wirtschaftsethik wert ist, denn dann lautet dieser schöne Satz: Ein Unternehmen wird nur solange eine ethische Haltung zeigen,
wie sich das als Marktvorteil auszahlt. Wie wahr diese Um-
kehrung ist, zeigt sich beispielsweise im Verhalten von Groß-
konzernen in der Dritten Welt, etwa bei der Ölförderung, die
ganze Landstriche verwüstet, oder bei der Rodung der letzten

Urwälder, die ganze Völker ihrer natürlichen Umwelt und
damit ihrer Lebensräume beraubt.

Bescheidenheit

Einer hat es schon früh verstanden, in größerem Umfang
abzusahnen: Karl-Josef (»Kajo«) Neukirchen. Der kassierte 1992
für sein einjähriges Gastspiel bei Hoesch 6,5 Millionen D-Mark
Abfindung. 2,2 Millionen verlangte er, weil er aus seiner
Dienstvilla ausziehen sollte, weitere 2,4 Millionen D-Mark für
den Verzicht auf das zugesicherte Auto nebst Fahrer. Selbstverständlich stand ihm eine Pension zu: jährlich 400.000 D-Mark.
Auch in seinem aktuellen Job bei der Metallgesellschaft (heute
M G Technologies) hat der Manager schon frühzeitig dafür
gesorgt, dass sein Einkommen stimmt. Durch die Anhäufung
mehrerer Verträge kommt der Mann mit dem Raubtierlächeln
alles in allem, so schätzen Experten, auf rund 50 Millionen Euro,
bezogen auf seine Amtszeit von 1993 bis 2006.[45]

Eine unethische Haltung wird erst dann relativiert, wenn sie
zum finanziellen Nachteil für das Unternehmen gerät. Beispiele lassen sich unzählige finden. Ölkonzerne entdecken
ihre ökologische Verantwortung zum Beispiel erst dann ansatzweise und notgedrungen, wenn die Presse über ihre Praktiken berichtet. Die Rüstungskonzerne sprechen erst dann
von Verantwortung, wenn ihre Geschäfte mit totalitären Systemen Gegenstand medialen Interesses werden und so weiter
und so fort.

Das Auge der Öffentlichkeit kann sich heute unvermittelt
auf ein Unternehmen richten, und deshalb fahren clevere
Unternehmen eine Doppelstrategie. Während beispielsweise

Biopiraterie oder Umweltverschmutzung in großem Ausmaß
betrieben wird, spendet das Unternehmen gleichzeitig Millionen für die Armutsbekämpfung in der Hoffnung, die öffentliche Meinung durch die eine Maßnahme positiv beeinflussen zu können und gleichzeitig die anderen Praktiken aus
der Berichterstattung herauszuhalten. Kommt eine Schurke-
rei dann doch ans Licht, kann man immer noch auf seine
Wohltaten verweisen und die Hände in scheinbarer Unschuld
waschen.

Die Ethik der Wirtschaft

Firmen gehören, neben Familien und Schulen, laut OECD
zu den wichtigsten Institutionen, in denen Vertrauen gebildet
wird.[46]

Schmieren und schmieren lassen ist in Wirtschaft und Ver-
waltung so normal geworden wie die tägliche Fahrt mit dem
Auto.[47]

Der Stromkonzern RWE hat mehr als zweihundert Lokalpolitiker
auf seiner Gehaltsliste.[48]

CDU-Generalsekretär Laurenz Meyer erhielt von seinem
Arbeitgeber VEW 80.000 Euro Abfindung, obwohl er aus dem
Unternehmen gar nicht ausgeschieden war.[49]

Deutschland ist auf dem internationalen Korruptionsindex der
Organisation Transparency International seit 1996 von Platz 13
auf Platz 20 abgerutscht. Die Zahl der Korruptionsverfahren hat
sich in den vergangenen Jahren verfünffacht.[50]

Auch Unternehmen haben also begriffen, dass Werte für die Kommunikation gedacht sind, und allein dafür erfinden sie klingende Begriffe, sprechen von »Corporate Social Responsibility« und geben vor, sich an den von ihnen entwickelten »Deutschen Corporate Governance Kodex« zu halten.

Aber das ist Schall und Rauch. Unternehmen orientieren sich am Profit, und wenn sie etwas gegen Korruption unternehmen, dann nur, weil diese hohe Kosten verursacht oder Gegenstand der medialen Berichterstattung wird. In welchem Ausmaß in deutschen Firmen bestochen wird, haben die Skandale um VW, BMW, Müllverbrennungsanlagen, Rüstungsexporte und Ähnliches deutlich gemacht, auch wenn es sich hierbei nur um die Spitze des Eisbergs handelt.

In der Praxis zeigen sich Firmen den von ihnen propagierten Werten wenig verpflichtet, stattdessen betreiben auch sie ein eifriges Wertehüpfen. Sie berufen sich beispielsweise auf die Freiheit des Marktes und das Recht auf geistiges Eigentum, wenn sie gegen chinesische Raubkopierer vorgehen wollen. Die Freiheit des Marktes und Eigentumsrechte sind ihnen aber völlig gleichgültig, wenn sie Biopiraterie betreiben und sich Patente auf Naturheilmittel oder traditionelle Reissorten eintragen lassen, sodass Menschen in der Dritten Welt, die diese seit Jahrhunderten als ihr ureigenstes Wissen und ihren natürlichen Besitz betrachten und anwenden, jetzt dafür Lizenzgebühren zahlen müssen. Eine schöne Ethik ist das.

DIE GUTEN ALTEN WERTE

Was bleibt? Es ist nicht viel dran an den alten Werten. Und gut sind sie auch nur für diejenigen, die sie propagieren: für Christenfürsten und Unternehmenspäpste.

Ziehen wir auch in Betracht, was Professor Dirk Baecker, der systemische Soziologe, auf die folgende Frage antwortet: »Neben neuen Werten werden momentan traditionelle Werte, christliche Werte, bürgerliche Werte, westliche Werte beschworen. Wozu dient das?«

Es ersetzt die Analyse der Situation. Wer sich auf traditionelle Werte beruft, muss nicht analysieren, sondern weiß sofort, warum er auf der richtigen Seite ist. Werte kommen in der gesellschaftlichen Diskussion nämlich auch da vor, wo sich Menschen widerstandsfähig gegen Lernerfahrungen machen wollen.[51]

Werte können blind machen. Auch das ist eine Art von Orientierung!

Hierin zeigt sich besonders deutlich das Bedürfnis von Menschen, durch die Berufung auf Werte an ihrer Identität festzuhalten. Dieses Bedürfnis ist ähnlich elementar, wie es materielle Bedürfnisse sind.

Wertewandel

Wenn alte Werte bröckeln, *müssen neue Werte zur Rechtfertigung von Handlungen gefunden werden.*

Verfolgt man die Wertediskussion und ihre eindringlichen Rufe nach »neuen« oder »neuen alten« Werten, entsteht mehr und mehr der Eindruck, Menschen könnten sich neue Werte aussuchen, so wie man im Supermarkt Waren auswählt.

Die gängige, aber überholte Wertetheorie unterstellt dies, indem sie beispielsweise behauptet, der Wandel in den Wertorientierungen könne Motiv und Voraussetzung für neue gesellschaftliche Veränderungen sein. Diese Meinung vertritt unter anderem Kardinal Karl Lehmann. Demnach könnte es zu einem Wandel in den Wertvorstellungen kommen, indem man tüchtig nachdenkt und zu dem Ergebnis gelangt, es wäre an der Zeit für ein paar neue Werte.

So reibungslos funktioniert ein Wertewandel natürlich nicht. Werte verändern sich dort, wo ihre Aufgabe liegt: *in der Kommunikation.* Das setzt voraus, dass etwas geschieht, das die bisherige gesellschaftliche Kommunikation beeinträchtigt und bislang gültige Vorstellungen, Abmachungen und Entscheidungen infrage stellt oder aufkündigt. Der übliche Name für solch einen massiven Vorgang lautet: gesellschaftliche Krise.

Ein Wertewandel frei von starken Störungen und heftigen Krisen ist undenkbar. Erst wenn sich die Lebensverhältnisse und dementsprechend die Bedürfnisse breiter Schichten grundlegend ändern und wenn diese Veränderung zu einer deutlichen Interessenartikulation und zu spürbaren Auseinandersetzungen der Interessengruppen untereinander führt, bringt dieser Aufruhr alte Werte ins Wanken.

Man spricht dann davon, dass die gültigen Werte zu bröckeln beginnen. In der Folge der Ereignisse stellt man schließlich fest, sich auf bestimmte Werte nicht mehr berufen zu können, ohne Missfallen oder Ablehnung zu ernten.

Bedeutende gesellschaftliche Veränderungen, beispielsweise der Übergang von der feudalen zur bürgerlichen Gesellschaftsordnung, wurden sicherlich von veränderten Wertvorstellungen begleitet, auslösen konnten sie diese aber nicht. Es wird niemand ernsthaft davon ausgehen, die bürgerliche Gesellschaft oder die industrielle Revolution seien quasi ausgedacht worden, von einem einzelnen »großen Denker« oder einer gesellschaftlichen Gruppe. Vielmehr haben sich kon-

krete Bedürfnisse gebildet, zu Interessen formiert und sich
dann durchgesetzt, mit friedlichen und teils auch gewaltsamen Mitteln, und die Werte folgten dieser Veränderung.

Die Abfolge beim Wertewandel lautet also nicht: Erst
schaffen wir ein neues Wertesystem, und dann verändern
wir unsere Handlungen, sondern: Erst ändern sich die Verhältnisse in der Gesellschaft, und daran anschließend werden
in der Kommunikation neue Vorstellungen durchgesetzt, auf
die man sich in seinen Handlungen berufen kann. Daran,
dass hinter der Wertbeschwörung konkrete Interessen stehen,
ändert sich zu keiner Zeit etwas.

Man sattelt mit neuen Werten lediglich frische Pferde, um auf
ihnen möglichst glatt durch die Kommunikation zu galoppieren.

Sobald ein bestimmter Wert seine Wirkung unter Beweis
stellt – und das heißt: sobald er in der Kommunikation »zieht«
und Zustimmung oder zumindest wenig Widerspruch erntet –,
gilt er als etabliert und darf belastet werden. Nun können
sich die Interessenvertreter der verschiedensten Gruppen darauf berufen und sehen, wie weit sie damit kommen.

Das bedeutet: Werte sind nicht unbegrenzt verwendbar
und müssen irgendwann den veränderten Umständen ange-
passt werden, damit sie weiterhin als Gemeinsamkeitsunterstellung dienen und zur Handlungsrechtfertigung herangezogen werden können.

In der wirtschaftlichen Wachstumsphase ab der Mitte des
letzten Jahrhunderts konnte man sich auf Werte wie *Solidarität* und *Gemeinwohl* berufen. Die Arbeitnehmer waren in
einer starken Position und konnten ein relativ tragfähiges
soziales Netz durchsetzen. Dann setzte die Globalisierung
ein, und parallel zu den schwieriger werdenden Wirtschafts-

bedingungen gewannen die Unternehmen an Macht und etablierten nun ihrerseits neue Werte.

In dieser Entwicklung verloren die alten Werte wie *Solidarität* an Belastbarkeit, und die neuen wurden robuster. Das waren vor allem die Selbstwerte, beispielsweise *Selbst*verantwortung, *Selbst*initiative oder *Selbst*motivation. Wir wären zu träge geworden, heißt es nun, jeder würde nur darauf warten, dass man ihm Arbeit gibt, dabei käme es darauf an, sich selbst Arbeit zu schaffen, zu suchen, zu machen. Ein Serviceparadies müsste entstehen.

Aufgrund dieser Wertebeschwörungen gelang es Arbeitgebern und Staat, sich der Verantwortung für Arbeitssicherheit zu entledigen und diese dem Einzelnen zuzuschieben. Die beschworenen Selbstwerte erwiesen sich dabei als durchaus tragfähig. Unter Berufung auf sie ließ sich einiges durchsetzen: die Ich-AG, eine Lockerung des Kündigungsschutzes, die Senkung der Sozialausgaben und anderes mehr, das unter dem Stichwort Neoliberalismus zusammengefasst wird.

Doch mittlerweile ist die Belastbarkeitsgrenze dieser Werte in greifbare Nähe gerückt. Wer glaubt noch an die Zauberkraft dieser Vorstellungen? Wer glaubt noch daran, Arbeitsplätze würden im Servicebereich wie Pilze aus dem Boden schießen und es sei nur eine Frage der Selbstmotivation, sich einen Arbeitsplatz zu schaffen? Die Ich-AG hat ihr Versprechen nicht gehalten, die Zahl der Arbeitslosen nimmt auf lange Sicht weiter zu. Daran wird auch der gegenwärtig behauptete wirtschaftliche Aufschwung, von dem die meisten Menschen eh nichts bemerken, nichts ändern. Das Serviceparadies ist nicht entstanden und die Sozial- und Gesundheitskosten steigen und steigen. Gleichzeitig werden die Reichen reicher und die Armen ärmer.

Die modernen Selbstwerte scheinen sich allmählich zu verbrauchen, und anscheinend greift man deshalb wieder auf die alten Werte zurück. Doch ob diese sich als ausreichend belastbar erweisen, steht noch nicht fest. Momentan macht es nicht den Eindruck, als ob sie sich auf breiter Linie durchsetzen lassen.

WIE NEUE WERTE AUFTAUCHEN

Welches die neuen Werte sein werden, auf die wir uns in den nächsten Jahren berufen können, ist noch ungewiss. Sie werden aus der gesellschaftlichen Kommunikation heraus sichtbar werden, wo sie – worauf der Soziologe Dirk Baecker hinweist – auf überraschend einfache Weise entstehen:

[Werte entstehen] evolutionär, das heißt durch Zufall. Man stellt fest, dass man vieles erreicht, indem man sich auf einen bestimmten Wert beruft, beispielsweise auf die Freiheit oder die Menschenwürde oder sonst etwas.[52]

Werte etablieren sich demnach ähnlich wie Moden. Einen gesellschaftlichen Trend – beispielsweise eine neue Musikrichtung – denkt sich auch niemand aus. Irgendwann fällt auf, dass immer mehr Leute auf eine bestimmte Musik ansprechen, und damit ist eine Mode geboren, die aufgegriffen und verbreitet wird.

Auf gleiche Weise gewinnen Werte an Gewicht. Täglich werden alle möglichen Werte ins Spiel gebracht und beschworen; das meiste davon verpufft wirkungslos. Doch irgendwann wird deutlich, dass man sich effektiv auf bestimmte Werte berufen kann, und damit ist ein neuer Wert geboren. Ausgedacht hat sich ihn niemand, aber er »zieht« in der Kommunikation und erweist dadurch seine Eignung zur Unterstellung von Gemeinsamkeiten.

Welche Werte werden am Horizont aufsteigen? Das kann niemand voraussehen, das werden die gesellschaftlichen Auseinandersetzungen zeigen. Angst, dass einer Gesellschaft die Werte ausgehen könnten, braucht indes niemand zu haben.

Für heutige Bedingungen können Werte als inflationsstabil gelten, denn es tut ihnen keinen Abbruch und man muss sie nicht entwerten, wenn man sieht, dass man mit ihnen nichts anfangen kann. Man folgt dem Rat der Mode und geht zu anderen Werten über.[53]

Mit anderen Worten: Interessen finden immer Möglichkeiten, sich in der Kommunikation zu behaupten, und sie finden immer Wege, Vorstellungen zu produzieren, mit denen sich Identität und Handlungen anderer Menschen möglichst verlässlich festlegen lassen.

Wertevermittlung

Per Dekret vermittelte Werte *sind Appelle, die von den täglichen Botschaften des Handelns entwertet werden.*

Ein besonders befremdliches und fragwürdiges Kapitel in der gegenwärtigen Wertediskussion stellt die allgegenwärtige Rede von der Wertevermittlung dar. Wo immer gesellschaftliche Probleme auftauchen – und vor allem, wenn es dabei um Kinder und Jugendliche geht –, werden die Verantwortlichen nicht müde zu betonen, dass es gerade jetzt und ge-

rade heute darauf ankäme, unseren Kindern die richtigen
Werte an die Hand zu geben.

DIE SCHULE SOLL ES RICHTEN

Wer einen solchen Anspruch aufstellt, muss benennen, wo
die geforderte Wertevermittlung stattfinden soll. Die Familien sind in der Logik dieser Argumentation nicht in der Lage,
die richtigen Werte weiterzugeben, sonst wäre ja kein Werteverfall eingetreten. Der Auftrag der Wertevermittlung wird
deshalb regelmäßig den Schulen erteilt. Diese allerdings sehen
sich zu Recht als die falschen Adressaten.

Mit Unbehagen registrieren Pädagogen etwa die Inflationierung
von Bindestrich-Pädagogiken, von Friedens-, Umwelt-, Medien-,
Konsum-, Freizeit- oder Gesundheitserziehung.[54]

Die Schulen sollen den jungen Menschen eine Werteerziehung zukommen lassen, beispielsweise in einem speziellen
Schulfach. Diese Vorstellung spiegelt vor, man könne Schülern Werte durch Diskussionen vermitteln oder sie ihnen einreden und in anschließenden Prüfungen einfach abfragen.
    Doch das Einzige, was sich auf diese Weise fördern ließe,
wäre die Fähigkeit der Schüler, *sich als wertgebunden darzu-*
stellen. Ich bin sicher, dass sie gute Noten in »Solidarität«
und »Nächstenliebe« erhalten, schöne Aufsätze schreiben,
muntere Diskussionen führen und schlaue Reden halten würden. Und dann gingen sie nach Hause und täten das, was
ihnen aufgrund ihrer spezifischen Lebenssituation sinnvoll
erscheint.
    Damit hätten sie ihre gesellschaftlichen Vorbilder kopiert,
ihre Rede bezöge sich auf Werte, aber ihr Handeln bliebe da-

von weitgehend unberührt. Wer eine schulische Werteerziehung fordert, ignoriert nämlich eine schlichte Tatsache:

Kinder orientieren sich an dem, was in ihrer Umgebung geschieht, und nicht daran, was darüber gesagt wird.

Vorbildlichkeit

In den USA finden sogenannte Jesus-Camps statt, in denen Kinder zu »Kriegern Gottes« gedrillt werden. Dort wird ihnen unter anderem beigebracht, für die Obrigkeit zu beten, weil das so in der Bibel steht.

Die Obrigkeit heißt in diesem Fall George W. Bush.

In der Schule beispielsweise Demokratie zu vermitteln würde in erster Linie erfordern, eine demokratische Schule zu etablieren. Die Schule ist allerdings eine zutiefst undemokratische Einrichtung, und das Verhalten der Lehrer gegenüber den Schülern ist durch ebenso undemokratische Verfahrensweisen gekennzeichnet: durch überwiegende Fremdbestimmung, eine starre und starrsinnige Bürokratie, Lehrpläne, die fern jeder Schülerbeteiligung aufgestellt werden, stumpfsinniges Pauken und fragwürdige Prüfungen. Auf der Universität geht es dann im selben Stil weiter. Um aber als Ort der Wertevermittlung zu dienen, müsste die Schule entsprechend der gewünschten Werte funktionieren. Statt die Konkurrenz zu fördern und Schüler auszusortieren müsste beispielsweise gegenseitige Hilfsbereitschaft praktiziert werden.

Doch trotz aller Wertebeschwörung gilt an Schulen wie in den übrigen Bereichen der Gesellschaft eine schlichte Wahrheit:

Wir lernen richtiges Handeln, indem wir es tun.[55]

In einem Schulfach, das sich mit Ethik befasst, lässt sich zwar wunderbar diskutieren, aber vermitteln lässt sich auf diese Weise wenig. Die Schüler wissen genau, dass sie nicht nach den im Unterricht propagierten Werten leben müssen. Gerade junge Menschen haben ein feines Gespür für das Ungesagte, für Wahrheiten, denen ausgewichen wird.

So bleibt es dabei: Was man Kindern beibringen will, muss man ihnen nicht nur *vor*leben, sondern darüber hinaus *mit ihnen* leben. Was wir tatsächlich mit ihnen leben, hat mit den in Schulfächern und Sonntagsreden postulierten Werten wenig zu tun.

CHRISTLICHE WERTEERZIEHUNG

Davon unbeeindruckt möchte die Familienministerin Ursula von der Leyen gemeinsam mit den christlichen Kirchen »Leitlinien einer christlichen Werteerziehung« für den Unterricht im Fach Ethik entwerfen. Frau von der Leyen ist jene Ministerin, die nicht weiß, dass die von ihr als christliche Werte bezeichneten Tugenden wie Anstand, Pünktlichkeit und Ähnliches ebenso in jedem sozialistischen Kombinat zu finden sind, von Diktaturen einmal ganz abgesehen.

Ihre Unwissenheit hindert Frau von der Leyen nicht daran, große Pläne zu schmieden. Sie möchte jungen Menschen Nächstenliebe und Ehrlichkeit mithilfe einer Kirche vermitteln, die mehr als sechzig Jahre brauchte, um sich bei Juden zaghaft für unterlassene Hilfestellung und Schlimmeres im Rahmen der Judenverfolgung des Hitler-Regimes zu entschuldigen; einer Kirche, die mehr als dreißig Jahre brauchte, um andeutungsweise zuzugeben, dass in den katholischen Erziehungsheimen sadistische Erziehungsmethoden gängige Praxis waren; einer Kirche, die angesichts von Aids gegen jede Verhütung ist und die von ihren Gläubigen erwartet, an die unbefleckte Empfängnis und die Unfehlbarkeit eines alten Mannes zu glauben.

Ehrlichkeit

Der US-Senat hielt in einem Bericht seiner Senatoren fest:

Saddam Hussein verfügte nicht über Kontakte zu al-Qaida, der Irak verfügte weder über ein aktives Atomprogramm, noch hatte er ein mobiles Labor für biologische Waffen.

Die Beweise für die Notwendigkeit des Irakkrieges waren gefälscht, der Krieg verstieß gegen das Völkerrecht.

George W. Bush und seine Minister müssen sich nicht vor dem Haager Tribunal für Kriegsverbrecher verantworten.

Eine solche Kirche soll Richtlinien für die Erziehung unserer Kinder entwerfen? Das könnte ihre endgültige Bedeutungslosigkeit bei der jungen Generation bewirken.

Die Absicht, zentrale christliche Werte wie Nächsten- oder gar Feindesliebe im Unterricht zu vermittelt, ist nicht nur deshalb vergeblich, weil sich Werte nicht aus Schulbüchern oder der Bibel lernen lassen, sondern weil ihre Beobachtungsgabe die Schüler etwas anderes lehrt.

Man stelle sich einmal vor, im Ethikunterricht würde der Wert *Ehrlichkeit* behandelt. Natürlich würde diesem Wert viel Gewicht beigemessen werden, aber jeder weiß, dass allen

voran Politiker und Manager oder gelegentlich auch Kirchenleute zu den größten Lügnern gehören. Dafür lassen sich
zahlreiche Beispiele anführen. Wie vermittelt man Jugendlichen nun die Einsicht, dass sich Ehrlichkeit auszahlt, während diese beobachten können, dass Lügner politische Karri-
eren machen, Bestechung eine übliche Praxis der Wirtschaft
darstellt und Kirchen am besten dort gedeihen, wo sie das
menschliche Elend verwalten können, also in der Dritten
Welt? Da kann man nur viel Spaß bei der Wertevermittlung
wünschen.

Und wie soll man sich die Vermittlung der Werte *Respekt*
oder *Anstand* bei denjenigen vorstellen, die von der Gesellschaft wenig geachtet und respektiert werden, den arbeitslosen Jugendlichen und den Kindern von Einwanderern?

DIE MEDIALE ÖFFENTLICHKEIT

Hilfreich für die Vermittlung von Werten sollen wieder »Vorbilder« sein. Solche Idole werden gebetsmühlenartig beschworen, sobald das Thema Wertevermittlung auf den Tisch kommt.
Wer soll diese Vorbilder stellen? »Wir« – wird gesagt. Doch
wer ist mit diesem ominösen »Wir« gemeint und wofür sollen
»Wir« ein gemeinsames Vorbild sein?

Ist der 52-jährige Hartz-IV-Ingenieur gemeint, der trotz
guter Ausbildung, ausgeprägter Leistungsbereitschaft und
neunzig verschickten Bewerbungen allein aufgrund seines
Alters keinen Job mehr findet? Oder der 72-jährige Politiker,
der trotz nachgewiesener Unfähigkeit in seinem Ressort einfach auf einen anderen Ministerposten wechselt? Oder die
45-jährige Gebäudereinigungsfrau, der trotz steigender Mie-
ten und Energiekosten der Lohn gesenkt sowie die Arbeits-
zeit verlängert wird? Oder der Fernsehstar, der für mehr oder

weniger witzige Sprüche in einfältigen Quizsendungen ein Millionenhonorar kassiert?

Haben »wir« tatsächlich ähnliche Interessen? Gibt es überhaupt irgendwelche Interessen, die von »uns« gleichermaßen vertreten werden sollten oder vertreten werden könnten?

Ich meine, es gibt dieses gemeinsame »Wir«, diese vorgestellte Interessengleichheit, nicht. Das einzige Wort, in dem sich Gemeinsamkeit vorstellen lässt, ist der Begriff der Gesellschaft. Wie sehr man sich aber zu diesem abstrakten Gebilde dazugehörig fühlen kann, hängt davon ab, ob sich die eigenen Interessen in ausreichender Weise durchsetzen lassen oder nicht.

So ist mit dem Vorbild, das »wir« abgeben sollen, meist ein anderer gemeint oder eigentlich niemand. Die Anrufung des Vorbilds bleibt ein wirkungsloser Appell, der in der Kommunikation von den real vertretenen Interessen ablenken soll.

Aber die Rede vom Vorbild ist auch deshalb hohl, weil sie unterstellt, es gäbe keine Modelle. Doch »wir« sind Vorbilder, wir können gar nichts anderes sein. Wir vermitteln Kindern und Jugendlichen tagtäglich die eigene Art, das Leben zu leben und miteinander umzugehen. Der Nachwuchs lernt, was er über das Leben weiß, in der Familie und in der Öffentlichkeit. Aus gesellschaftlicher Perspektive spielt die Öffentlichkeit, die zu großen Teilen eine mediale Öffentlichkeit ist, gegenüber der Familie vielleicht sogar die wichtigste Rolle bei der Vermittlung dessen, was ein rechtes Leben sein soll.

Da liegt die Frage nahe, was vom Leben der Wertebeschwörer, der Christen, der Politiker und der anderen scheinbaren moralischen Größen, die sich für Werte stark machen, in die Öffentlichkeit gelangt. Was sehen Jugendliche, wenn sie die

Gesellschaft beobachten? Auf welche Bilder und realen Vorbilder treffen sie? Sie sehen beispielsweise:

- einen ehemaligen Bundeskanzler, der für viel Geld
  als »Berater« für russische Staatsfirmen arbeitet und
  der zuvor freundschaftliche Beziehungen zu Präsident Putin unterhielt; und sie müssen sich zu allem
  Überfluss von diesem auch noch anhören, er tue das
  im Interesse von Deutschland;
- Staatssekretäre, die Genehmigungsverfahren für
  Stromkonzerne durchführen und dann plötzlich in
  leitende Positionen der Stromwirtschaft wechseln;
  und zu allem Überfluss will man den Jugendlichen
  dann noch weismachen, das Fehlen einer Regulie-
  rungsbehörde im Stromsektor und die hohen Strom-
  kosten hätten mit den Verflechtungen zwischen
  Politik und Konzernen nichts zu tun;
- Abgeordnete, die bis zu zehn oder fünfzehn hoch
  dotierte »Nebentätigkeiten« für Konzerne ausüben;
  und dann will man den Jugendlichen zu allem
  Überfluss einreden, diese Volksvertreter könnten
  ihre Neutralität bewahren;
- einen ehemaligen Bundeskanzler, der jahrelang ein
  »Berater«-Honorar in Höhe von etwa 300.000 Euro
  von einem Medienmogul erhalten hat; und dann wird
  auch noch behauptet, die Politik hätte sich nicht
  manipulieren lassen;
- Parteien, die ihre Wahlkämpfe aus schwarzen Kassen
  finanzieren und damit gegen Gesetze verstoßen;
  aber die Verantwortlichen werden nicht als Kriminelle
  bezeichnet, sondern als »Schummler«;
- Parteien, die ihre Macht so weit ausgedehnt haben,

dass sie beinah schon unabhängig vom Wähler
regieren können. (Die regierende S P D in Berlin vertritt
17 Prozent der Wahlberechtigten);
- Manager, die ihren Firmen hohe Schäden zufügen,
ohne dafür geradestehen zu müssen, weil sie auf Kosten der Firmen Versicherungen abschließen, die sie
selbst bei *persönlichen* Fehlleistungen vor Ansprüchen
schützen (siehe die Sex-Affären bei V W, wo eine Ver-
sicherung 4,5 Millionen Euro für die von Peter Hartz zu
verantwortenden Ausgaben für Bordelle und Ähnliches zahlen soll).

APPELLE VERSUS BOTSCHAFTEN

Das ist es, was für Jugendliche offensichtlich ist: Es gibt –
gerade bei öffentlichen Personen, aber natürlich auch im privaten Bereich – einen eklatanten Widerspruch zwischen der
Wertebeschwörung und dem gelebten Leben. Es gibt auf der
einen Seite massenhaft *Appelle*, während auf der anderen
Seite gegenteilige *Botschaften* verbreitet werden. Appelle und
Botschaften widersprechen sich. Was sich letztlich im Be-
wusstsein der Menschen über die Art und Weise, wie in einer
Gesellschaft miteinander umgegangen wird, festsetzt, ist aber
die Botschaft und nicht der Appell.

Der Unterschied zwischen Appell und Botschaft ist einer
von Worten und Taten. Die Wertebeschwörung besteht aus
nichts anderem als Appellen. Eine Botschaft hingegen ist das
Beispiel, das man gibt. Sie ist eine unausgesprochene Aufforderung, einen vorgelebten Lebensstil nachzuahmen.

Botschaften übertragen sich allein durch das, was gilt
und Wirkung zeigt – und wie schon gesagt: Es sind öffentliche Personen, denen die mediale Aufmerksamkeit gilt, bei-

spielsweise Wirtschaftsführer, Politiker, Künstler und Medienstars; sie sind in ganz besonderem Maße Übermittler
geltender Botschaften.

Nehmen wir einige der bekannten Medienstars aus dem
Unterhaltungsbereich. Diese Prominenten – Leute wie Kerner,
Jauch, Gottschalk, Harald Schmidt, Beckmann – scheuen
sich nicht, in ihren Sendungen und Interviews Themen wie
Anstand, Bescheidenheit, den angeblichen Neidkomplex der
Deutschen, Rücksichtnahme et cetera aufzugreifen und ein-
zufordern. Gleichzeitig lassen sie, obwohl sie millionenschwere
Gehälter beziehen und Vermögen von 50 und mehr Millionen Euro angehäuft haben, zusätzliche Werbeverträge nicht
aus, die noch ein paar Milliönchen mehr bringen. Was immer
die Stars hierzu sagen, wie immer ihre Appelle ausfallen, die
Botschaft des Verhaltens ist klar: Raff zusammen, was du
kriegen kannst, Geld kann man nie genug haben!

Welche Botschaften verbreiten die Wirtschaftsbosse, die
ständig von Verantwortung und Dienst am Lande sprechen?
Leute wie der ehemalige Chef von Mannesmann Klaus Esser
oder der Deutsche-Bank-Chef Josef Ackermann, aber auch
der Rest der Topmanager, transportieren in ihrem Verhalten
eine deutliche Botschaft: Jeder ist sich selbst der Nächste!
Nimm, was du haben kannst!

Wie sieht es mit den Botschaften der Politiker aus? Leuten,
die regelmäßig Wahlversprechen geben und brechen und bei
denen man – wenn sie beispielsweise unberechtigt und in
großem Stile Reisekostenerstattungen kassieren – von »Mit-
nahmeeffekten« oder »Schummeleien« spricht, während kleine
Ladendiebe allgemein und von ebendiesen Politikern als Kriminelle bezeichnet werden; Leuten, die – geschützt durch Im-
munität und entsprechende Gesetze – jederzeit und in unbe-
grenzter Höhe finanzielle Zuwendungen als »persönliche

Anerkennung« annehmen dürfen. Die Botschaft, die Politiker generell im Lande verbreiten, lautet: Der Zweck heiligt die Mittel, alles ist recht, um an der Macht zu sein!

Ja, man kann pausenlos Appelle senden, man kann fordern, dass »ein Ruck durch die Gesellschaft geht«, aber gemeint sind immer die anderen. So dient das Gerede von der Wertevermittlung letzten Endes als Ablenkung von der eigenen Verantwortlichkeit und von den realen Botschaften, die von Funktionsträgern vermittelt werden.

Andere – die Familie, die Schule, die Gesellschaft – sollen es richten, und da sie diesen Job niemals bewältigen können, hat man immer Schuldige, auf die man verweisen kann, um sich selbst reinzuwaschen.

Werte und der Krieg der Kulturen

Am deutschen Wesen *soll ... der Ausländer genesen.*

Das letzte Thema der Wertediskussion, das ich aufgreifen möchte, ist der sogenannte »Krieg der Kulturen«. Dieser Begriff taucht einerseits in der Beurteilung internationaler Konflikte – Stichwort Terrorismus –, andererseits in den durch Migration verursachten innergesellschaftlichen Auseinandersetzungen auf. An diesem angeblichen »Krieg der Kulturen« lässt sich der Gebrauch der Werte zum Streit oder als Waffen sehr gut erläutern.

Von den hier lebenden Ausländern wird zunehmend erwartet, sich der »deutschen Kultur« anzupassen. Natürlich kann niemand definieren, was eine deutsche Identität sein soll, weil es unter den Deutschen selbst tausendfach verschiedene Lebenspraktiken gibt (beispielsweise deutsche Mitglieder im Schützenverein, deutsche Drogenkonsumenten, deutsche Heteros, deutsche Schwule und deutsche Lesben, deutsche Kinderschützer und deutsche Kinderschänder wie auch deutsche Mörder).

Aber gerade deshalb, weil Deutschsein nicht zu definieren ist, lässt sich die Lebensweise von Ausländern jederzeit als undeutsch hinstellen.

Durch die Berufung auf »Kulturwerte« lassen sich problematische gesellschaftliche Situationen mit Migranten bequem als Konsequenz von Wertekonflikten darstellen. Angeblich haben Ausländer die falschen Werte, und angeblich passen diese Werte nicht zu den unseren.

Ein deutscher Politiker macht dies anschaulich, indem er Bezug nimmt auf die…

… Gleichberechtigung von Mann und Frau. Und das bedeutet, dass in Hamburg muslimische Mädchen aus vermeintlich religiösen Gründen nicht am Schwimm- oder Sexualkundeunterricht gehindert werden dürfen. Wir brauchen einen Wertekonsens in der Gesellschaft, der für alle Menschen gilt, die in Deutschland leben wollen – ganz gleich welcher Herkunft, welcher Religion oder Weltanschauung sie sind. Respekt vor dem anderen und seiner Auffassung.[56]

Was der Vorsitzende der SPD-Fraktion der Hamburgischen Bürgerschaft Michael Neumann da erklärt, ist gleich in zweifacher Hinsicht fragwürdig. Zum einen fordert er die Gleichberechtigung von Mann und Frau. Das kann man gelten lassen, aber dieser in der Migrationsdebatte hochgelobte Wert scheint nicht erwähnenswert zu sein, wenn es um das Verhalten der Deutschen selbst geht, beispielsweise um die Bezahlung von Arbeit. Immer noch werden Frauen für die gleiche Tätigkeit geringer entlohnt als Männer, worüber es aber kaum Empörung gibt.

Zum anderen fordert der Politiker »Respekt vor dem anderen und seiner Auffassung«. Schön und gut, aber dennoch will er Muslimen nicht gestatten, ihre Kinder aus religiösen Gründen vom Schwimm- und Sexualkundeunterricht fernzuhalten. Wo bleibt dann *sein* Respekt vor anderen Auffassungen?

Wenn schon, dann werden Ausländer *und* Deutsche den Werten, auf die sich hier berufen wird, nicht gerecht. Aber eigentlich geht es nicht um Werte. Eigentlich möchte der Politiker etwas ganz Vernünftiges, nämlich dass für alle hier lebenden Menschen die gleichen *Rechte* gelten.

Die Forderung, sich an Recht und Gesetz zu halten, ist nachvollziehbar, aber in diesem Zusammenhang Werte ins Spiel zu bringen, ist wenig sinnvoll. Es sei denn, man möchte Werte als Waffen benutzen. Und das bedeutet: anderen absprechen, dass sie zur Integration in unsere »Wertegemeinschaft« überhaupt in der Lage sind.

Die offene Gesellschaft

Eine multikulturelle Gesellschaft führt zu gesellschaftlichen Disharmonien, Egoismus bis hin zum Gruppenhass.
Dr. Friedhelm Farthmann, SPD[57]

Wir waren den Ausländern gegenüber zu tolerant.
Edmund Stoiber, CSU[58]

LEITKULTUR

Mit Werten lässt sich gut tönen, und das gerade gegenüber
anderen Kulturen. Der Gebrauch der Werte als Streitmittel
oder Waffe wird auch beim Thema der Integration von Aus-
länderkindern deutlich.

Nachdem diese Kinder jahrelang sich selbst und ihrem
Milieu überlassen waren und sich niemand um ihre Integration kümmerte – das heißt, ihnen auch nicht klargemacht
wurde, *was genau von ihnen erwartet wird* –, stellt man nun
die Behauptung auf, eine Integration der Migrantenkinder
wäre nur möglich, wenn diese unsere Leitkultur annähmen.
Da aber niemand definieren kann, wodurch sich diese Leitkultur auszeichnet, verschafft man sich durch diese Werteberufung eine Art Persilschein zur Diffamierung von Ausländern.

Doch liegt es wirklich am fehlenden Willen der Ausländerkinder, sich in die Gesellschaft zu integrieren, wenn sie
problematisches Verhalten zeigen, oder wird ihnen die Möglichkeit zur Integration weit mehr verweigert, als dies allgemein anerkannt wird?

Betrachten wir die Situation der Ausländerkinder genauer.
Diese Kinder gehören überall dort, wo sie Probleme verur-
sachen, zu den Verlierern der Gesellschaft. Sie schaffen den
Hauptschulabschluss nicht, und selbst wenn, bekommen sie
nur selten eine Lehrstelle. Von den Schülern der Hauptschule
Riege in Berlin zum Beispiel, deren Lehrer sich in einem Brief
hilfesuchend an die Öffentlichkeit wandten, hatte kein einziger einen Ausbildungsplatz gefunden.

Man kann es sich nun einfach machen und den Kindern
selbst die Verantwortung für ihre Situation zuschieben: Diese
Kinder wissen seit Jahren um ihre schlechte Ausgangsposi-

tion im gesellschaftlichen Rennen und verweigern demzufolge ein Lernen, das ihnen sowieso nicht viel nutzt. Stattdessen schalten sie auf stur und zeigen ihren Protest durch auffälliges Verhalten, was übrigens in ähnlicher Weise auch für eine andere – diesmal deutsche – Gruppe von Verlierern zutrifft: die rechtsradikalen Jugendlichen, die sich selbst zu Gewinnern machen wollen, indem sie Ausländer bekämpfen.

Am deutschen Wesen ...

Von Ausländern erwarte ich, dass sie Deutsch lernen und allmählich immer deutscher werden.
Christian Uhl, CSU[59]

Aber anstatt nun die Frage zu beantworten, wie man diese in- und ausländischen Jugendlichen aus ihrer Verliererposition befreit, wird das Problem zu einem Werteproblem stilisiert. Damit ist es der konkreten Verantwortung der handelnden Politiker entzogen.

Wer Jugendlichen keine Arbeitsplätze geben will oder ihnen keine geben kann, schwadroniert geschickterweise über westliche Werte und die westliche Leitkultur. Überzeugt man die Menschen auf breiter gesellschaftlicher Basis von dieser selbstgerechten Sichtweise, lassen sich rechtliche Maßnahmen wie Ausweisung und Ähnliches mit Hinweis darauf rechtfertigen, den Jugendlichen fehle es an der nötigen Bindung an westliche Werte.

In der Praxis hört sich diese Beschwörung der westlichen und der »deutschen« Werte und der verzweifelte Versuch, einen Haltegriff in der eigenen Kultur zu finden, so an:

Wir haben doch lange Zeit geglaubt, Multikulti sei besser als die Deutschen. Ein Wahnsinn! Ein verantwortungsloser Wahnsinn! Und ich finde, gerade an der Ausländerproblematik kann man so deutlich sehen, was wir an uns selbst versäumt haben. Wir wissen ja selbst nicht, was Goethe war und ob Schiller eigentlich gelebt hat und was er gesagt hat. Wenn wir das alles selbst nicht wissen, können wir es von den Ausländern nicht verlangen.[60]

Glaubt man diesen Aussagen, liegt die Rettung in der deutschen Kultur und ihren Werten. Dann sieht die Lösung denkbar einfach aus: Wir vermitteln nicht nur Ausländern, sondern auch arbeitslosen Deutschen, was Goethe und Schiller gesagt haben – und schon finden Hartz-IV-Empfänger einen Job und Jugendliche einen Ausbildungsplatz. Und wenn sie keinen finden, dann haben sie zwar weder Zukunft noch einen gefüllten Kühlschrank, aber doch wenigstens schöne deutsche Werte, an denen sie sich wärmen können.

Natürlich ist eine solche Wertebeschwörung ein billiger Trick. Denn was hilft das Bekenntnis zum Deutschsein wirklich? Wenn sich dadurch, dass man sich gegenüber Migranten *zur eigenen Kultur* bekennt, Integrationsproblematiken verhindern ließen, hätten Franzosen und Engländer diesbezüglich nicht das geringste Problem. Schließlich scheuen sich diese Gesellschaften im Gegensatz zu den Deutschen nicht, ihre Kultur wertzuschätzen. Allerdings haben sie noch weitaus massivere Probleme mit der Integration von Einwanderern, als das bei uns der Fall ist. Die gewaltsamen Unruhen in London vor einigen Jahren und die Aufstände in den Vororten von Paris kürzlich zeigen dies.

Menschen tun grundsätzlich nur, worin sie einen Sinn sehen. Das heißt, sie tun etwas unter konkreten Umständen.

Wenn diese Umstände von ihnen verlangen, die deutsche Sprache zu sprechen, etwa weil Beihilfen mit Sprachtests verknüpft werden, dann werden die meisten Ausländer in kurzer Zeit Deutsch sprechen. *Mit Werten hat das nichts zu tun*, mit Regelungen und Interessen aber sehr viel. In diesem Zusammenhang Werte zu predigen, das ist nur zu einem gut: davon abzulenken, dass man je nach Bedarf Ausländer hereinholen und wieder rausschicken möchte. Gerade in der Diskussion bezüglich der Ausländerproblematik zeigt sich deshalb, wie gut sich Werte als Waffen nutzen lassen.

Der sogenannte Krieg der Kulturen, ob er Konflikte im Inneren oder auf internationaler Bühne meint, hat wie jeder Wertekonflikt einen ganz realen Hintergrund. Im Inneren soll er die Verschärfung von Gesetzen rechtfertigen, im Äußeren das eigene Interesse an den Ressourcen anderer Länder verdecken, vor allem an den Ölreserven, die zum Großteil in islamischen Ländern liegen. Wie Werte diesbezüglich als Waffen eingesetzt werden, habe ich im Abschnitt: »Trick 7: Werte als Waffen benutzen« (Kapitel »Vom raffinierten Gebrauch der Werte«) bereits geschildert.

So wird es kein Problem sein, nach den beiden Irakkriegen noch weitere Kriege um Erdöl mit dem Hinweis auf die Werte Demokratie und Freiheit zu rechtfertigen, die es gilt, auf dem ganzen Erdball zu verbreiten.

Interessanterweise stehen dort, wo die Diktatoren und Scheichs der ölreichen Länder mit dem Westen zusammenarbeiten, Werte und kulturelle Unterschiede dieser Kooperation nicht im Wege. Die Familie von George W. Bush pflegte im Gegenteil ganz hervorragende Geschäftsbeziehungen zum Clan der bin Ladens. Wen wundert es, dass die rechtlose Bevölkerung in den islamischen Ländern, die vom immensen Ölreichtum kaum profitiert, sich auf der Suche nach Macht

und einer abgegrenzten Identität um religiöse Fundamentalisten sammelt und vom heiligen Krieg fasziniert ist?

Die Rede vom Krieg der Kulturen ist deshalb nur zu einem
gut: zur Rechtfertigung, notfalls Krieg gegen diese Kulturen
führen zu können.

VOM WERT DER WERTE

Distanz zu Werten schärft den Blick für die realen Verhältnisse.

Nun habe ich mein Bestes gegeben, um Werte von den ihnen anhaftenden Mythen und Wertgläubige von ihren diesbezüglichen Illusionen zu befreien.

Werte sind Scheinriesen, die aus der Ferne betrachtet Halt versprechen, bei näherer Betrachtung für die wechselhaften Situationen des Lebens aber wenig bieten, an dem man sich orientieren könnte. Wer mit Werten konfrontiert wird, tut gut daran, den Tatsachen ins Auge zu sehen, die da lauten: Wo die Musik spielt und was in einer Gesellschaft tatsächlich getan wird, das hängt nicht von den kursierenden Werten ab, sondern von den jeweiligen konkreten Interessen- und Machtverhältnissen, oder, um es weniger drastisch mit den Worten Dirk Baeckers auszudrücken, »von der Art und Weise, in der es der Gesellschaft gelingt, sich zu stabilisieren«.[1]

Die Gesellschaft steht permanent vor der Notwendigkeit, sich zu stabilisieren, weil sie unablässig von unbemerkt verlaufenden Entwicklungen betroffen ist, die sich früher oder später krisenhaft bemerkbar machen. Ob der ungeheuren Komplexität der modernen Gesellschaft sind diese Krisen unvermeidbar, denn wir reagieren stets nur auf Entwicklungen, die bereits stattgefunden haben. Dann bleibt uns nichts anderes übrig, als die auftauchenden Probleme bestmöglich zu bewältigen.

Diese nicht endende Notwendigkeit der Bewältigung von

Problemsituationen verlangt von den Menschen, sich selbst und die gesellschaftlichen Strukturen immer wieder zu verändern und an die Umstände anzupassen. Damit das auf breiter gesellschaftlicher Basis möglich wird, muss ein kommunikativer Konsens gesucht werden. Dieser offenbart sich in den Werten, die dennoch nichts weiter sind als Vorstellungen von einer vermeintlichen Gemeinsamkeit.

Werte tragen das Versprechen und die Hoffnung von Gemeinsamkeiten in sich. Sie ermöglichen den Konsens im Moment der Kommunikation, aber sie garantieren keineswegs, dass die jeweiligen Interessen gleichermaßen berücksichtigt werden. Der Wert ist ein faszinierendes, aber auch hohles Versprechen, wie Niklas Luhmann sagt:

Geplante Veränderungen bleiben möglich, aber sie können nur deshalb scheinbar Konsens finden, weil ihre Folgen nicht überblickt werden können. Das Unbekanntsein der Zukunft wird zur Bedingung der Möglichkeit gegenwärtiger Politik. Das Bekenntnis zu allen guten Werten wird zu einer inhaltsleeren, unverbindlichen Attitüde.[2]

Der Wert ist hinsichtlich der Handlungen und Interessen der Beteiligten ein *scheinbarer* Konsens, der lediglich in der Kommunikation zur Wirkung kommt. Er ist und bleibt eine kaum verpflichtende Vorstellung, eine Beschwörung, ein Appell. Ob die Entscheidungen, die sich auf ihn berufen, wirklich gemeinsamen Interessen dienen, das muss sich im Anschluss zeigen.

Es gibt darum – und das hoffe ich in diesem Buch vermittelt zu haben – viele gute Gründe, der Wertebeschwörung zu misstrauen. Aus der distanzierten Perspektive heraus, die ich aufzeigen möchte, erscheint der Umgang mit Werten durchschaubar. Problematisch wird der gesellschaftliche Gebrauch der Werte für diejenigen, die die Funktion der Werte nicht erkennen und deshalb Gefahr laufen, in die Wertefalle zu geraten und ihre Unschuld zu verlieren.

Das System der Werte

Aber es gäbe die Werte nicht, wenn sie nicht eine grundsätzlich positive Funktion für die Gesellschaft erfüllen würden. Dirk Baecker beschreibt in dem Interview, das ich mit ihm geführt habe, die Aufgabe der Kommunikation und der Werte darin sehr anschaulich:

Kommunikation strukturiert Abhängigkeit zwischen unabhängigen Elementen auf eine Art und Weise, die beides, Abhängigkeit und Unabhängigkeit, zugleich unterstreicht...[Dafür ist der Wert sozusagen ideal; M. Mary] weil er bindet und offenlässt zugleich. Der Wert des Wertes besteht darin, ein hoch empfindliches Netzwerk wechselseitiger Bestimmung zu schaffen, in der jeder Wert zugleich ein Freiheitsgrad ist. Man kann, muss ihm aber nicht folgen, sondern kann auf andere Werte ausweichen. Dadurch kommen nie einzelne Werte als Lösungen infrage, auf die die Gesellschaft sich festlegen muss. Dieses gleichzeitige Binden und Offenlassen ist wohl die wichtigste Aufgabe des Wertes.[3]

Diese Aussage beschreibt, worauf es bei den Werten tatsächlich ankommt: nämlich nicht auf die richtigen Werte, nicht auf den einzelnen Wert.

Was in der gesellschaftlichen Kommunikation wirkt, ist nicht ein einzelner Wert, sondern das System der Werte, das überaus flexibel ist.

Dieses flexible System erspart es, sich auf einzelne Werte festzulegen, was man nicht tun könnte, ohne gegen andere Werte zu verstoßen. Das *System der Werte* mit all seinen Tricks und Ausweichmöglichkeiten bietet nun genügend Handlungsspielräume, um jede für nötig gehaltene Maßnahme zu rechtfertigen.

Das unlösbare Problem der Werte

Werte binden nicht, sie lassen ganz im Gegenteil alles offen. Deshalb ist das Werteproblem unlösbar, auch wenn es immer wieder als lösbar dargestellt wird.

Aber genau in dieser Unlösbarkeit des Werteproblems liegt sein Wert.

Das Werteproblem schafft einen Anreiz, auf den jede gesellschaftliche Kommunikation angewiesen ist: den Anreiz nicht zu lösender Probleme. »Unlösbare Probleme par excellence heißen heute ›Werte‹«, erklärt Niklas Luhmann.[4] Solche unlösbaren Probleme, um die sich nicht endende Bewältigungsversuche drehen, werden in der gesellschaftlichen und privaten Kommunikation gebraucht, damit man im Gespräch miteinander bleibt. Aufgrund der Versuche, im Grunde unlösbare Probleme zu lösen, werden weiterhin Wege zur Bewältigung schwieriger Situationen gesucht.
    Werte werden gebraucht, damit sie Gemeinsamkeit auch

dort vorgaukeln, wo es wenige gibt; und die aktuelle Wertediskussion wird erst abflauen, wenn in Form von neuen Werten eine *scheinbare Lösung* für die gegenwärtig sich vollzie-
henden gesellschaftlichen Umwälzungen gefunden ist. Doch
es wird die gleiche Diskussion wieder aufflammen, sobald
neue Probleme sichtbar werden, die gerade aus den alten
Lösungen erwachsen sind.

Das heißt: Die Lösung von heute gerät im unübersehbaren
Komplex der Gesellschaft unweigerlich zum Problem von
morgen. Gerade die Politik wird hieran nichts ändern. Wer
seine Hoffnung auf dieses Feld setzt und von einer besseren
Staatsführung – einer, die an den »richtigen« Werten orientiert ist – zur Lösung gesellschaftlicher Probleme träumt, der
erwartet zu viel, denn:

*Die Politik hält sich für alle Anliegen oder Probleme zuständig,
die anderswo nicht oder nicht zufriedenstellend gelöst werden
können. Das zwingt sie dazu, Gesellschaftsplanung zu versprechen, aber zugleich in Aussicht zu stellen, dass dies ohne Beein-
trächtigung der Individuen zu geschehen habe. Die Politik iden-
tifiziert sich mit einer Vielzahl von Werten (...), ohne sich darauf
festzulegen, wie Wertkonflikte von Fall zu Fall gelöst werden.*[5]

Die Politik verspricht, aber sie entscheidet nicht. Sie wartet,
bis eine Entscheidung reif ist, um sie zu fällen, bis sie im
Grunde schon gefallen ist und nur noch nachvollzogen werden muss.

So wird der Kommunikationsmoloch Gesellschaft die
Menschen weiterhin reichlich mit Problemen versorgen, mit
Bevölkerungs-, Umwelt-, Kriegs-, Energie-, Ernährungs-, Sinn-
und anderen Problemen mehr. Und sie zwingen, nach Wegen
der Bewältigung zu suchen.

Dabei werden weiterhin Werte aufgeblasen und hochgehalten, aber das wird nichts an den dahinterstehenden Interessen ändern.

Wie man auf Wertediskussionen reagieren kann

Weil die gesellschaftlichen Probleme nicht lösbar sind, weil sie bestenfalls bis zur nächsten notwendigen Lösung aufgeschoben und bewältigt werden können, werden wir weiterhin Wertediskussionen führen.

Wenn die Flaggen dann hochgezogen werden, wenn hehre Begriffe und leuchtende Werte von den richtigen Lösungen und einer besseren Zukunft künden – egal ob es sich dabei um alte oder neue Werte handelt –, braucht man sich diesen Wortgeplänkeln nicht ausgeliefert zu fühlen. Man kann, wie Dirk Baecker es vorschlägt, stattdessen den »Blick für die Verhältnisse schärfen«. Auf meine Frage »Wie geht es Ihnen als soziologischem Systemtheoretiker in Wertediskussionen?« antwortet er:

Wenn sich über Werte gestritten wird, versuche ich, eine funktionale Analyse anzubieten, und stelle die Frage: Warum berufen wir uns auf diese Werte? Worin besteht das Problem, über das wir reden sollten, wenn hier über Menschenwürde, Freiheit et cetera gesprochen wird?[6]

Dirk Baecker regt damit etwas sehr Sinnvolles an. Er schlägt vor, immer dann, wenn eine Wertedebatte losgeht, eine Distanz zu den propagierten Werten einzunehmen und nach den Problemen und Zusammenhängen zu suchen, die diese Debatte auslösen.

Sind die Probleme erkannt, kann man nach konkreten Möglichkeiten zu ihrer Bewältigung suchen. Wenn es gelingt,
diese wohltuende Distanz zum Wertegerede einzuhalten,

- steht nicht die Leitkultur im Zentrum der Debatte,
  sondern die Frage, wie man ausländische Jugendliche
  in Ausbildungs- und Arbeitsverhältnisse bringen
  kann;
- geht es nicht um den Kampf von Weltanschauungen,
  sondern um die Frage, wie knapper werdende ökonomische Ressourcen in dieser Welt verteilt werden
  sollen;
- wird nicht der Werteverfall bedauert, sondern nach
  Möglichkeiten der Veränderung gesucht, was auch die
  eigene Veränderung mit einschließt.

Wenn es aber nicht gelingt, Probleme auf ihre konkreten Be-
wältigungsmöglichkeiten hin zu betrachten, dann aus einem
einzigen Grund: weil Interessen im Spiel sind und deren Ver-
treter mit Werten jonglieren, um genau diese eigene Interessenlage zu verdecken.

Dann heißt es wach zu sein und hinter die blendende
Fassade des Wertes zu schauen, dorthin, wo die Motivation
des Handelns liegt – auf die Bedürfnisse und Interessen der
Beteiligten.

ANHANG

Interview mit Prof. Dr. Dirk Baecker

Dirk Baecker ist Professor für Soziologie an der Universität Witten/Herdecke. Jüngere Publikationen:
- *Vom Nutzen ungelöster Probleme* (mit Alexander Kluge, Merve Verlag 2003),
- *Wozu Soziologie?* (Kulturverlag Kadmos 2004),
- *Kommunikation* (Reclam Verlag 2005),
- *Form und Formen der Kommunikation* (Suhrkamp Verlag 2005).

Michael Mary: Herr Professor Baecker, Werte schweben scheinbar über den Menschen und sind größer als der Einzelne. Woher kommt dieser Eindruck?

Dirk Baecker: Wir unterstellen uns wechselseitig eine Orientierung an Werten, die über die jeweilige Situation, in der wir uns befinden, hinausreichen. Wir berufen uns auf diese Werte, und wir fühlen uns an sie gebunden.

Ein Wert wäre demnach ein Kommunikationsinstrument?

Ich würde sagen: eine Kommunikationsstruktur. Werte sind Gemeinsamkeitsunterstellungen. Sie stellen eine gemeinsam zitierbare Struktur bereit, und daher kann jeder Beteiligte sich auf sie berufen. Aber wir streiten auch um Werte, und

dies eher implizit als explizit. Wir versuchen unser Gegenüber in den Einflussbereich jener Werte zu manövrieren, an
die wir sein Verhalten gerne gebunden sehen.

Mit Werten bleibt man im Gespräch?

In der Regel vermeiden wir es, uns ausdrücklich auf Werte zu
berufen. Meist tun wir das erst dann, wenn ein Streit droht,
den wir vorab entweder schlichten wollen, indem wir gemeinsam geltende Werte beschwören, oder aber vorab zu-
spitzen, indem wir schon einmal den Wert ins Spiel bringen,
der uns die besseren Karten gibt. Wir agieren auf diesem Feld
mit einem beachtlichen Raffinement, wenn es darauf ankommt. Wir sagen dann: »Es wäre doch schön, wenn ...« oder:
»Das bist du dir doch schuldig ...« oder: »Wir waren uns doch
bisher immer treu ...«, und schon sieht der andere sich in eine
Richtung gedrängt, aus der er sich nicht so leicht wieder
befreien kann.

Angeblich sind Gesellschaften ja auf Werten begründet, und
es wird gesagt – beispielsweise von Kardinal Lehmann –,
Werte gäben Handlungsziele vor und ihnen käme eine Füh-
rungsrolle im menschlichen Tun und Lassen zu. Was halten
Sie von solchen Aussagen?

Der Kardinal hat mit dieser Aussage sicherlich Recht. Allerdings würde ich unterstreichen, dass die Werte, in denen eine
Gesellschaft scheinbar begründet ist, eher im Gegenteil das
Resultat dieser Gesellschaft sind. Wir wachsen in einer Gesellschaft auf und merken, welches Verhalten, Denken und
Wünschen in dieser Gesellschaft für gut oder für schlecht
gehalten wird. Das übernehmen wir mit einem mehr oder

minder großen Behagen oder Unbehagen, je nachdem, wie gut wir damit zurande kommen. Und dann berufen wir uns auf diese Werte, wenn etwas schiefzulaufen droht, wenn wir den anderen wieder einbinden wollen oder wenn wir uns in einer schwierigen Lage entscheiden müssen. Die Führungs-rolle in unserem Leben haben aber eher Gewohnheiten als Werte.

Doch genau das wird behauptet. Jeder beruft sich bei seinen Handlungen auf Werte.

Wenn man sich auf einen Wert beruft, stellt man sich als jemand dar, der durch die Einsicht in diesen Wert in seinem Handeln gebunden ist. Man stellt den Wert als das scheinbar Höhere dar, von dem man abhängig ist, externalisiert damit seine Handlung oder Entscheidung in die Situation und lenkt so von der eigenen Person ab. Die Person beruft sich auf den Wert, überhöht sich damit und macht sich in ihrer tatsäch-lichen Existenz und Motivlage unsichtbar in den tollen Wer-ten, die sie im Munde trägt. So kann der Wert, auf den ich mich berufe, paradoxerweise von meiner Verantwortung für mein Handeln oder meine Entscheidung ablenken. Denn wenn ich mich auf einen Wert berufe, entscheide nicht ich, son-dern der Wert. Man kann dann nur noch den Wert infrage stellen, auf den ich mich berufe, aber das fällt bei den meist inhaltslosen und eindeutig positiven Werten, die wir für sol-che Fälle parat haben (Gleichheit, Freiheit, Brüderlichkeit), eher schwer.

Nach dem Motto: Ich kann nicht anders, meine Werte lassen mir keine andere Wahl ... und verschleiert damit die eigenen Interessen.

Genau. Man verschanzt sich hinter Werten.

Aus Sicht des Individuums stellt es sich dennoch so dar, als ob der Wert seine Handlungen leitet.

Aber nur dann, wenn das Individuum glaubt, Werte nötig zu haben, und das ist lediglich in Auseinandersetzungen der Fall. Dann legt man sich auf Werte fest. Die Bindung an Werte läuft darauf hinaus, die Identität zu verfestigen, mit dem Risiko des Verlustes von Handlungsspielräumen...

... oder eines Verlustes von Identität, wenn der Seitensprung trotz der Absicht, treu zu bleiben, passiert...

... das ist der Nachteil der Selbstfestlegung durch Werte.

Eine starre Festlegung findet durch eine Wertbindung dennoch nicht statt, etwa in dem Sinne, dass Werte gelebt werden müssen?

Die Kommunikation über Werte führt dazu, dass diejenigen, die behaupten, sich an Werte gebunden zu fühlen (und sei es nur deshalb, weil sie sie anderen nahelegen), damit einen Maßstab in die Welt setzen, an dem sie sich wohl oder übel messen lassen müssen. Wenn Werte kommuniziert werden, wird der Anspruch mitkommuniziert, sich und sein Verhalten im Hinblick auf sie auch beurteilen zu lassen. Nicht zuletzt deswegen sind wir so vorsichtig bei der Kommunikation von Werten und wählen die implizite Kommunikation, mit deren Hilfe wir, wenn es gut geht, den anderen einfangen können (wenn er sich durch uns bewertet und gebunden fühlt), ohne uns selbst wirklich festzulegen. Denn auf Nachfrage können wir dann, wenn wir implizit kommuniziert haben, immer noch sagen, es so nicht gemeint zu haben.

Wenn sie aber nicht auf Handlungen beruhen, wie entstehen dann Werte?

[Werte entstehen] evolutionär, das heißt durch Zufall. Man stellt fest, dass man vieles erreicht, indem man sich auf einen bestimmten Wert beruft, beispielsweise auf die Freiheit oder die Menschenwürde oder sonst etwas. Sie entstehen also daraus, dass man bestimmte positive Erfahrungen, die man in bestimmten Situationen gemacht hat, festhält und in anderen Situationen wieder aufruft. Nach dem Motto: »Das hat damals so gut geklappt, lass es uns wieder so versuchen.« Und dann merkt man, dass sich Werte hervorragend dazu eignen, Konflikte vorzusteuern. Sie werden zu Waffen, zu Waffen, mit denen man den anderen besiegt, aber auch zu Waffen, mit denen man den anderen einbindet.

Wer sich auf Werte beruft, führt scheinbar nur Gutes im Schilde, hat aber sich selbst im Sinn?

Immer dann, wenn man ein Interesse hat, Identität und Handlung des anderen für die eigenen Zwecke verlässlich festzulegen – ohne genau das allzu deutlich werden zu lassen –, unterstellt man ihm Werte, um ihn zu binden.

Offenbar sind Werte heilige Kühe, die man vor sich hertreibt, um seine Absichten zu verdecken. Man kann auf diese Manipulation hereinfallen und, wie Sie sagen, dabei seine Unschuld verlieren.

Ich glaube, dass man seine Unschuld erst in dem Moment verliert, in dem man merkt, dass die Manipulation kreativ ist. Man wickelt sich und den anderen in Werte ein und merkt, dass man damit tatsächlich ein Stückchen weiter kommt. Aber wehe, wenn man eines Tages doch in Schwierigkeiten landet! Dann erinnert man sich an die Ausgangsmanipulation, jetzt allerdings ohne deren positive Folgen. Man verliert die Unschuld, wenn man merkt, dass man sich sehenden Auges ein Beinchen gestellt hat. Ein falsches Versprechen, das man unter Berufung auf einen Wert gegeben hat, vergiftet im Nachhinein die vielleicht nicht einmal falschen Absichten, die man hinter diesem Wert versteckt hat. Das kann man in der Politik ebenso beobachten wie in Organisationen oder in Ehen.

Mit Werten wird jongliert, je nachdem wie sie sich gebrauchen lassen?

Wenn man genau hinschaut, merkt man, dass Werte immer nur mit den Fingerspitzen angefasst werden, so als wisse man um ihre sehr ambivalente Wirkung vor allem im Hinblick auf den Verlust von Handlungsspielräumen. Werte sind ja meist geradezu dramatisch unterkomplex und können dieses Defizit nur kompensieren, indem sie möglichst allgemein und positiv formuliert werden, denn dann schließen sie fast nichts mehr aus.

Werte taugen zur Bewaffnung?

Und sie stimulieren Streit. Man sitzt zum Beispiel mit den Kindern am Abendbrottisch und die Frage taucht auf, ob man in der Schule bei Klassenarbeiten schummeln darf oder nicht. Wenn die Eltern daraufhin den Wert der Ehrlichkeit hochhalten, machen sie vor allem klar, dass sie hier nicht mit sich reden lassen und zu jedem Streit darüber bereit sind...

...worauf die Kinder entweder nachgeben oder selbst einen anderen Wert aus dem Hut holen...

...ja, zum Beispiel den Wert kluger Geschicklichkeit in überfordernden Situationen. Die Eltern können dann tunlichst nur noch den Streit vermeiden, indem sie das Thema auf die Frage lenken, wie man durch rechtzeitige und sorgfältige Vorbereitung die Überforderung und damit die Versuchung der Unehrlichkeit vermeiden kann. Damit werden die Werte der Kinder und der Eltern anerkannt – und man findet eine Lösung nicht auf der Ebene der Werte, sondern geeigneten Handelns.

Gott sei Dank stehen genug Werte zur Verfügung, auf die man sich je nach Lage der Dinge berufen kann.

Ja, was wirkt, ist nicht der einzelne Wert, sondern das System der Werte. Daher kann man schnell auf andere Werte wechseln, um die eigene Position zu stärken. Auch deswegen bleiben die Werte meist implizit, denn so kann man offenlassen, auf welchen der verschiedenen möglichen Werte man sich bei Rückfragen berufen würde. Und so kann man sich gegenseitig eine Orientierung an Werten unterstellen, ohne sagen zu müssen, an welchem Wert.

Wie kann man einen Wert unterstellen, beispielsweise Gerechtigkeit?

Indem man darauf aufmerksam macht, in welcher benachteiligten Situation jemand ist. Damit nehmen Sie den Wert
der Gerechtigkeit in Anspruch, ohne ihn auszusprechen. Es
ist interessanterweise leichter, für den unterstellten Wert der
Gerechtigkeit Zustimmung zu finden als für den laut ausgesprochenen Wert der Gerechtigkeit. Denn wenn Sie den Wert
laut aussprechen, könnte jemand auf die Idee kommen, den
Wert der Freiheit zu zitieren, um dafür zu werben, dass einzelne Benachteiligungen in Kauf genommen werden müssen,
wenn man in einer insgesamt liberalen Gesellschaft leben
will.

*Werte symbolisieren etwas Unbezweifelbares. Hat der Bedarf
an Werten zugenommen, weil es wenig anderes Unbezweifelbares gibt?*

Ja, das ist die These von Niklas Luhmann, dass man von Werten umso mehr spricht, je größer die Krise der Gesellschaft
ist. Je mehr Grund zum Zweifeln man hat, desto mehr sucht
man nach Dingen, die nicht zu bezweifeln sind. Für Luhmann
ist die Diskussion über Werte – nicht bereits der Umstand,
dass man sich auf Werte beruft – ein Krisenzeichen. Und die
Krise ist dann vorbei, wenn über Werte nicht mehr diskutiert
werden muss. Dann haben sich neue Werte eingespielt, die
sich so sehr von selbst verstehen, dass niemand mehr über
sie spricht.

*Zum Beispiel Flexibilität und Eigenverantwortung. Diese Werte
haben sich in den Neunzigerjahren durchgesetzt, und jetzt
kann man sich auf sie berufen und sie, wie Sie sagen, »belas-
ten«. Wie viel Belastung hält ein Wert denn aus?*

Das kommt darauf an, wofür er in Anspruch genommen wird. Flexibilität kann man beispielsweise in Anspruch nehmen, um den Schutz der Arbeitnehmer vor Kündigungen abzubauen. Wie weit und wie lange die das mitmachen, muss sich dann zeigen. Wird ein Wert zu sehr in Anspruch genommen, kann er ruiniert werden und damit unbrauchbar sein.

Neben solchen neuen Werten werden momentan traditionelle Werte, christliche Werte, bürgerliche Werte, westliche Werte beschworen. Wozu dient das?

Es ersetzt die Analyse der Situation. Wer sich auf traditionelle Werte beruft, muss nicht analysieren, sondern weiß sofort, warum er auf der richtigen Seite ist. Werte kommen in der gesellschaftlichen Diskussion nämlich auch da vor, wo sich Menschen widerstandsfähig gegen Lernerfahrungen machen wollen.

Werte machen blind? Das ist auch eine Art von Orientierung!

Nehmen Sie das Beispiel Patriotismus. Man zieht in den Krieg, weil man den anderen für einen Gegner hält, gleichgültig, ob man dafür Gründe hat oder nicht. Unter Berufung auf den Wert der Vaterlandsliebe hält man ihn für einen Feind. Werte machen robust gegen entgegenlaufende Erfahrungen.

Wenn es einen Bedarf gibt, Werte zu unterstellen, gibt es auch einen dafür, Werte abzusprechen?

Ja, wenn man jemanden angreifen möchte, bei dem man nicht genau weiß, ob man ihn angreifen darf, dann sorgt man dafür, dass man gute Gründe hat, indem man ihn beispielsweise an den Pranger stellt. Das Reich des Bösen...

... oder die westlichen Ungläubigen aus Sicht fundamentalistischer Islamisten...

...und kann dann ruhigen Gewissens in den Krieg ziehen.

Da fällt mir George W. Bush ein, der Demokratie mit undemokratischen Mitteln und Menschenwürde mit unmenschlichen Maßnahmen verteidigen will. Wie wirkt sich das auf die Werte aus? Wirft man sie dann über Bord?

Nein, man schließt daraus, dass der amerikanische Präsident die Menschenwürde missbraucht, und eben nicht, dass der Wert der Menschenwürde fragwürdig wäre. Es gibt Werte, die wir gerade dann festhalten, wenn wir sehen, dass sich Leute auf sie berufen, die das Gegenteil betreiben. Dass diejenigen, die dem Präsidenten folgen, sich auf dieselben Werte berufen wie diejenigen, die etwas gegen ihn haben, ist für die Gesellschaft aber nicht ohne Risiko. Man fragt sich, in welcher Gesellschaft man sich aufhält, in der solche Widersprüche möglich sind, und stellt womöglich die Gesellschaft infrage.

Bush beruft sich ja auf sogenannte absolute Werte wie beispielsweise Freiheit. Von absoluten Werten sagen Sie, es wären Werte mit reflektierter Gegnerschaft. Man nutzt sie, um eine Einigung auszuschließen?

Das ist die polemogene, den Streit stiftende Funktion von Werten. Werte stellen die Möglichkeit bereit, einen Streit zu begründen und auch zu führen. Das Gute gegen das Böse, das Tugendhafte gegen das Lasterhafte. Da werden Werte bezogen, weil man schon weiß, dass man gegen bestimmte Leute argumentativ oder militärisch zu Felde ziehen will. Die Werte scheinen ein Angebot an den anderen zu sein, und wenn der nicht auf die eigene Position eingehen will, hat man einen guten Grund, bei seiner Gegnerschaft zu bleiben.

Geht die Diskussion über christliche und islamische Werte in diese Richtung? Angela Merkel beispielsweise meinte in einer Rede: »Wir müssen uns schon überlegen, was der Kitt sein soll, der unsere Gesellschaft zusammenhält.«

Im Rahmen der Globalisierung müssen ganze Milieus um ihre Existenz fürchten. Die fangen dann an, die europäische Kultur zu verteidigen. Dann werden Werte zitiert, die es begründen, sich nicht zu ändern. Man braucht sich dem internationalen Vergleich nicht zu stellen, wenn man sich auf die eigene Kultur beruft.

Kardinal Lehmann meint, der Wandel in der Werteorientierung könne Voraussetzung und Motiv für neue gesellschaftliche Veränderungen sein. Er glaubt anscheinend, dass man sich neue Werte ausdenken könnte oder solche aus besonders fruchtbaren Auseinandersetzungen hervorgehen könnten.

Es gibt eine Theorie des Wertewandels, die das behauptet. Soziologische Theorien würden eher sagen: Wenn die gesellschaftlichen Strukturen sich verändern, fangen die Werte an zu bröckeln. Man merkt, dass man sich nicht mehr richtig auf sie berufen kann, man sucht nach neuen und wird so

lange suchen, bis die gesellschaftlichen Strukturen wieder zu
einem Gleichgewicht gefunden haben. Dann hört die Suche
nach neuen Werten auf, weil sich brauchbare neue gefunden
haben, die funktionieren, das heißt, auf die man sich mit
Erfolg berufen kann.

Wertewandel als Folge der Machtverhältnisse ...

... eher der Art und Weise, in der es der Gesellschaft gelingt,
sich neu zu stabilisieren. Als historisches Beispiel: der Übergang der Adelsordnung in eine wirtschaftsorientierte, bürgerliche Gesellschaft.

*Die Wertevermittlung soll heute in der Schule geschehen. Was
halten Sie von einem Schulfach Werte?*

Ich bin hier eher skeptisch. Die Schule leidet ja sowieso schon
unter zu vielen guten Absichten, die von den Lehrern immer
wieder betont und von den Schülern, die wissen, wie weit der
Einfluss der Lehrer reicht, immer wieder höflich übersehen
werden. Natürlich macht es Sinn, auch über Werte nachzu-
denken und zu diskutieren. Aber ich würde das anlassgebun-
den, gelegenheitsabhängig machen und es eher vermeiden,
aus den Werten auch noch ein »Fach« zu machen, in dem
dann gelernt und geprüft wird.

*Angeblich ist eine solche Wertevermittlung ja notwendig, um
unsere Kultur vor fremden Einflüssen zu schützen.*

Ich denke, dass man in dieser Hinsicht eher vorsichtig sein
muss. Einerseits dichten Werte gegen neue und interessante
Erfahrungen ab, und andererseits machen sie neugierig auf

andere Werte. Je nach Lage der Bedrohung wird dann das eine oder das andere Moment stärker. Deswegen weiß man auch nie so genau, ob der Verweis auf die eigene Kultur im Vergleich mit einer fremden Kultur die Werte der Debatte entziehen soll oder gerade die Diskussion ermöglichen soll. Mit anderen Worten: Sind die Werte einer Kultur unverhandelbar, weil es sich ja um eine Kultur handelt? Oder sind die Werte einer Kultur verhandelbar, weil es ja auch andere Kulturen gibt, die andere Werte kennen? Diese Ambivalenz ist dem Zusammenhang von Werten und Kultur eigen. Und ich finde, dass die Ambivalenz der eigentliche Gewinn ist, der mit einer eindeutigen Antwort auf die Frage nur wieder verspielt würde.

Wie geht es Ihnen als soziologischem Systemtheoretiker in Wertediskussionen?

Wenn sich über Werte gestritten wird, versuche ich, eine funktionale Analyse anzubieten, und stelle die Frage: Warum berufen wir uns auf diese Werte? Worin besteht das Problem, über das wir reden sollten, wenn hier über Menschenwürde, Freiheit et cetera gesprochen wird? Ich will den Blick für die Verhältnisse schärfen.

Woran wahrscheinlich ein geringes Interesse besteht, vor allem in öffentlichen Diskussionen.

Man hört sich meine Sicht an und streitet dann weiter über die Werte, bestenfalls lernt man nebenbei ein wenig.

Halten wir fest: Der Wert leitet keine Handlung an und baut keine gesellschaftlichen Fundamente. Der Wert ist in der Kom-

munikation verortet, dort ist sein Zuhause. Er ermöglicht den Streit und die Auseinandersetzung mit anderen auf dem Hintergrund je eigener Interessen.

Kommunikation strukturiert Abhängigkeit zwischen unabhängigen Elementen auf eine Art und Weise, die beides, Abhängigkeit und Unabhängigkeit, zugleich unterstreicht...

Dazu ist der Wert sozusagen ideal...

...weil er bindet und offenlässt zugleich. Der Wert des Wertes besteht darin, ein hochempfindliches Netzwerk wechselseitiger Bestimmung zu schaffen, in der jeder Wert zugleich ein Freiheitsgrad ist. Man kann, muss ihm aber nicht folgen, sondern kann auf andere Werte ausweichen. Dadurch kommen nie einzelne Werte als Lösungen infrage, auf die die Gesellschaft sich festlegen muss. Dieses gleichzeitige Binden und Offenlassen ist wohl die wichtigste Aufgabe des Wertes.

ANMERKUNGEN

DIE GESELLSCHAFT

[1] Siehe vom Autor: *Das Leben lässt fragen, wo du bleibst*, Bergisch Gladbach 2005.
[2] Siehe hierzu auf michaelmary.de unter dem Link »Texte außer der Reihe« den Artikel des Autors »Wir Volksvertreter«.

WAS WERTE SIND

[1] Günter Dux, *Die Spur der Macht im Verhältnis der Geschlechter*, Frankfurt/Main 1997, Seite 75.
[2] Siehe hierzu auf michaelmary.de unter dem Link »Texte außer der Reihe« den Artikel des Autors »Wir Volksvertreter«.
[3] Dirk Baecker im Interview mit Michael Mary, 6. April 2006; abgedruckt im Anhang dieses Buches.
[4] Dirk Baecker im Interview mit Michael Mary, 6. April 2006.
[5] Dirk Baecker, *Wozu Soziologie?*, Berlin 2004, Seite 25.
[6] Niklas Luhmann, *Die Gesellschaft der Gesellschaft*, Frankfurt/Main 1997, Seite 1123.
[7] Ebenda, Seite 1079.

WAS WERTE NICHT SIND

[1] Aus einem Papier der Leibniz Universität Hannover zum Seminar »Entwicklungspsychologie« unter der Leitung von Edith Bosse.
[2] Kardinal Karl Lehmann in den Sinclair-Haus-Gesprächen 24.-25. April 1998.
[3] Zitiert nach *Frankfurter Allgemeine Zeitung*, 23. September 2003, Seite 36.
[4] Siehe hierzu Florian Güßgen, »Gefesselt. Gedemütigt. Entwürdigt«, in: *Stern*, 5. August 2006.

DIE WIDERSPRÜCHLICHKEIT DER WERTE

[1] Hans Herbert von Arnim, *Das Europa-Komplott*,

München 2006, Seite
51.
[2] Ebenda, Seite 53.
[3] In: *Hamburger Morgenpost*,
17. August 2006, Seite 14.
[4] Niklas Luhmann,
*Gesellschaftsstruktur und
Semantik*, Frankfurt / Main
1995, Seite 129.
[5] Luhmann, *Die Gesellschaft
der Gesellschaft*, Seite
799 ff.
[6] Vgl. Rolf Jürgen Franke,
auf rafranke.blogspot.com,
20. August 2005.

VOM RAFFINIERTEN
GEBRAUCH DER WERTE

[1] Luhmann, *Die Gesellschaft
der Gesellschaft*, Seite
341 ff.
[2] In der Sendung *Philo-
sophisches Quartett* (ZDF)
vom 9. April 2006.
[3] Dirk Baecker im Interview mit Michael Mary,
6. April 2006.
[4] Ebenda.
[5] Luhmann, *Die Gesell-
schaft der Gesellschaft*, Seite
800.
[6] Forschungspraktikum
»Kriege im 21. Jahrhundert«,
Univ.-Prof. Dr. Eva Kreisky/
Birgit Halwachs, http://eva-
kreisky.at.
[7] Offener Brief von US-Bürgern
»An unsere Freunde in
Europa«, in: *Der Tagesspiegel*,
12. März 2002.
[8] Ebenda.

VON DER RELATIVEN
UNMÖGLICHKEIT, BESTIMMTE
WERTE ZU LEBEN

[1] In: *Der Spiegel*, Nr. 33 / 2004,
Seite 19.
[2] Prof. Detlef Horster, in: *Geo-
Wissen* Nr. 35/2005.
[3] Siehe entsprechende Berichte
auf chinalaborwatch.org.

DIE WERTEDISKUSSION

[1] Zitiert nach *Stern* 45 / 2005.
[2] Zu finden auf stud.uni-
hannover.de.
[3] Kurt Bayertz, zitiert nach *Geo-
Wissen* Nr. 35,
Seite 24.
[4] Dieses und die vorigen
Zitate: Peter Hahne, *Schluss
mit lustig!*, Lahr / Schwarz-
wald 2004, Seite 36 ff.
[5] Siehe Dagmar Herzog,
Die Politisierung der Lust,
München 2005, Kapitel 3.
[6] Ebenda, Seite 155.
[7] Ebenda, Seite 156.
[8] Dieses und das vorherige
Zitat ebenda, Seite 158 f.
[9] Ein Ergebnis einer Forschung
über ›Wertetypen‹, zitiert
nach: *Stern* 46 / 2005, Seite
86.
[10] Herzog, *Die Politisierung der
Lust*, Seite 10 f.
[11] Hahne, *Schluss mit lustig!*,
Seite 68.
[12] Mary, *Das Leben lässt fragen,
wo du bleibst*.
[13] Zitiert in: *Der Spiegel*,
Nr. 33 /2006, Seite 112.

[14] Zitiert in: *Der Spiegel,*
Nr. 33 / 2006.

[15] Quelle: Arbeitsgemeinschaft
Rundfunk Evangelischer
Freikirchen im Großraum
Nürnberg, AREF, aref.de/
news / allgemein / 2003 / fun-
damentalismus-in-usa.htm.

[16] Hahne, *Schluss mit lustig!,*
Seite 45.

[17] Ebenda, Seite 47.

[18] Ebenda, Seite 53.

[19] Ebenda, Seite 90.

[20] Ebenda, Seite 30.

[21] Ebenda, Seite 35.

[22] So der Biologe Gerhard
Wilkinson, in *Geo-Wissen,*
Nr. 35 / 2005, Seite 30.

[23] Hahne, *Schluss mit lustig!,*
Seite 86.

[24] Der Publizist Prof. Arnulf
Baring im *Philosophischen
Quartett* (ZDF) vom 9. April
2006.

[25] Hans Leyendecker, in:
Geo-Wissen, Nr. 35 / 2005,
Seite 114.

[26] Siehe hierzu auf michaelmary.
de unter dem Link »Texte
außer der Reihe« den Artikel
des Autors »Wir Volksver-
treter«.

[27] Prof. Kurt Bayertz, in:
Geo-Wissen, Nr. 35/2005,
Seite 25.

[28] Zitiert nach *Bild am Sonntag,*
13. August 2006.

[29] Interview von Sabine Pahlke-
Grygier mit Prof. Bertram,
veröffentlicht auf der Homepage des Goethe-Instituts:
goethe.de.

[30] Charlotte Frank, *Das kleine
Stück Himmel,* in:
Süddeutsche Zeitung, 27. / 28.
Mai 2006.

[31] Impulsreferat von Gerald
Scheil auf der Tagung »Kirche
und Schule« am 22. Februar
2005 in Bad Alexandersbad,
zitiert nach: dekanat-hof.de.

[32] Zitiert nach »Lächelnd beim
Tischgebet«, in: *Der Spiegel,*
Nr. 17 / 2006, Seite 22.

[33] Zitiert nach »Wilde Ehe –
nicht bei uns«, in: *Hamburger
Morgenpost,* 12. August 2006.

[34] Hahne, *Schluss mit lustig!,*
Seite 103.

[35] Franz Meurer, in: *Geo-
Wissen,* Heft Nr. 35/2005,
Seite 24.

[36] Zitiert aus dem Vorabdruck
von Joseph Ratzingers
Buch *Werte in Zeiten des
Umbruchs,* Freiburg 2005,
in: *Süddeutsche Zeitung,*
13. April 2005.

[37] Ebenda.

[38] Frank, »Das kleine Stück
Himmel«.

[39] Zitiert nach: Josef Kay,
»Die politische Laufbahn
von Papst Benedikt XVI:
Theokratie und gesellschaftlicher Rückschritt« auf
wsws.org.

[40] Ebenda.

[41] Ebenda.

[42] Aus einem Interview von
Antonia Loick mit Dr.
Käßmann, unter: goethe.de.

[43] Volkhard Krech unter:
goethe.de.

[44] Aus einem Interview von
Antonia Loick mit Prof. Josef

Wieland, FH Konstanz, auf
goethe.de.

[45] Boldt, Neukirchen, Student,
Werres: »In aller Stille ab-
kassieren« vom 20. Juli 2001,
auf manager-magazin.de.

[46] Müller/Rust/Schmitt,
Beitrag *Sittenverfall* vom
27. Juni 2002 auf manager-
magazin.de.

[47] Oberstaatsanwalt Wolfgang
Schaupensteiner und Prof.
Britta Bannenberg, zitiert
nach Leyendecker, »Gier hat
viele Gesichter«, in: *Geo-
Wissen*, Nr. 35/2005,
Seite 114.

[48] Vgl. Leyendecker, »Gier hat
viele Gesichter«, Seite 118.

[49] Vgl. ebenda, Seite 118.

[50] Müller/Rust/Schmitt,
27. Juni 2002.

[51] Dirk Baecker im Interview
mit Michael Mary, 6. April
2006.

[52] Ebenda.

[53] Luhmann, *Die Gesellschaft
der Gesellschaft*, Seite 384 f.

[54] Prof. Gerd F. Hepp, zitiert
nach »Werteerziehung
im Bildungswesen«, auf
goethe.de.

[55] Hirnforscher Manfred Spitzer,
zitiert in *Geo-Wissen*, Nr.
35/2005.

[56] Michael Neumann in:
Die Welt, 23. November 2004.

[57] Zitiert in: *Frankfurter
Rundschau*, 16. April 1992,
Seite 2.

[58] Zitiert in: *Süddeutsche
Zeitung*, 17. September 2002,
Seite 13.

[59] Zitiert in: *Süddeutsche
Zeitung*, 9. September 2002,
Seite 37.

[60] Prof. Arnulf Baring, in:
Das philosophische Quartett
(ZDF), 9. April 2006.

VOM WERT DER WERTE

[1] Dirk Baecker im Interview
mit Michael Mary, 6. April
2006.

[2] Niklas Luhmann,
*Gesellschaftsstruktur und
Semantik*, Frankfurt/Main
1995, Seite 115.

[3] Dirk Baecker im Interview
mit Michael Mary, 6. April
2006.

[4] Luhmann,
*Gesellschaftsstruktur und
Semantik*, Seite 19.

[5] Ebenda, Seite 126.

[6] Dirk Baecker im Interview
mit Michael Mary, 6. April
2006.

Keine Frage: Frauen sind anders.
Und Männer auch.

Michael Mary
UND SIE VERSTEHEN
SICH DOCH!
10 neue Lügen,
die Liebe betreffend
Sachbuch
288 Seiten
ISBN 978-3-404-60601-6

»Frauen können nicht einparken, Männer nicht telefonieren.«
So oder so ähnlich klingen die verkaufsträchtigen, vermeintlich
wissenschaftlichen Erkenntnisse, mit denen Frauen und Männer
auf ein bestimmtes Rollenverhalten festgelegt werden. Weil ihre
Gene ihnen angeblich keine andere Wahl lassen.

Michael Mary entlarvt diese und weitere populäre Liebeslügen
unserer Zeit und stellt anschaulich dar, worauf es in der modernen »Liebe der Individuen« ankommt. Ein Buch voller anregender
Thesen und verblüffender Erkenntnisse.

Bastei Lübbe Taschenbuch

Die Liebe ist ein Spiel –
aber folgt sie auch bestimmten Regeln?

Michael Mary
MYTHOS LIEBE
Lügen und Wahrheiten
über Beziehungen
und Partnerschaften
224 Seiten
ISBN 978-3-404-60566-8

Wäre es nicht fantastisch, das Leben und die Liebe bewusst steuern zu können? Könnte man durch die »richtige« Beziehungsarbeit Partnerschaft, Liebe und Glück für immer garantieren? Viele Psychoratgeber sagen Ja, Michael Mary sagt Nein. Die Liebe zwischen Frau und Mann ist eines der letzten Abenteuer des Lebens. Sie steuern zu wollen wäre absurd. Und hätte den gegenteiligen Effekt: Denn Liebe und Kontrolle vertragen sich überhaupt nicht. In »Mythos Liebe« entwickelt Michael Mary einen ganz neuen Ansatz, um Liebesglück in Beziehungen zu finden.
Vergessen Sie alle Regeln und lassen Sie sich überraschen!

Bastei Lübbe Taschenbuch